JN123544

宮城県は子育て世代を みんなで応援しています

ごあいさつ

🍀宮城県知事

村井 嘉浩

　子どもは宮城の希望であり、未来を創る大切な存在です。

　宮城県では、子どもの成長や子育てを地域全体で支えていくため「子育て支援を進める県民運動」として「子育てに対する不安感や孤独感を解消する」「子育てへの親近感を育む」「地域全体へ子育て支援の輪を広げる」の3つの柱を掲げ、取り組んでいます。子育てが大変なとき、不安になったときには、一人で抱え込まず、身近な人や地域の子育て支援の窓口に相談してみてください。

　県といたしましては、皆様に「子育てにやさしい宮城県」を実感していただけるよう、引き続き子育て支援施策の充実に取り組んでまいります。

　自然豊かなこの宮城の地で、子育て支援の輪がさらに大きく広がり、子どもたちが多くの方々の愛情に包まれながら健やかに成長していけるよう、皆様の御支援と御協力をお願い申し上げます。

育(いく)なびみやぎ 2023

contents

※本誌掲載の記事やデータは2022年12月1日現在のものです。料金や提供サービスなどは予告なく変更になる場合があります
※料金は原則税込み（本体＋税）
※新型コロナウイルス感染防止対策に伴い、施設の開設状況や事業の内容が変更になる場合があります。利用の際は各施設や各市町村の子育て関連部署にお問い合わせください。施設を利用する場合には、手洗いやアルコール消毒、せきエチケットなどを心掛けましょう

子どもをかわいく撮ろう

スマートフォンのカメラ機能やデジタルカメラで、子どもの成長を気軽に撮影できる時代。せっかくなら、よりかわいらしくすてきな写真にしたいもの。カメラ初心者向けに、撮影の腕が上達するテクニックをプロにアドバイスしてもらいました。楽しく遊べて、思わず写真を撮りたくなる宮城県内の遊び場も施設の「推し撮影スポット」とともに厳選してご紹介。

コンテンツ

アイコンについて

🍙 …飲食物の持ち込みOK
（禁止の場合はグレー）

👶 …おむつ替えスペースあり
（専用スペースを備えている場合の他、スタッフに申し出るとスペースを用意してくれる場合を含む。ない場合グレー）

🍼 …授乳スペースあり
（専用スペースを備えている場合の他、スタッフに申し出るとスペースを用意してくれる場合を含む。ない場合グレー）

🚻 …こども用トイレあり（ない場合グレー）

🔒 …鍵付きロッカーあり
（無料は小銭返却の場合を含む。ない場合グレー）

📶 …無料Wi-Fiあり
（ない場合グレー）

🅿 …無料駐車場あり
（ない場合グレー）

スマホカメラで上手に撮るこつ

カシャカシャッとシャッターを押してみたものの、いざ写り具合を確認するとぶれていたり、子どもの顔が暗くなっていたり…という経験をした人もいるのでは。最低限のポイントを抑えるだけで撮影の腕前はぐっと上がります。今回は多くの人が使い慣れているスマートフォン（スマホ）のカメラ機能で子どもをかわいく上手に撮るテクニックを、2児の父でもあるカメラマンの田附絢也さんに教えてもらいました。

スマートフォンのカメラ機能もデジタル一眼レフカメラも、最低限抑えるポイントは共通の内容が多いです

田附絢也さん

1983年生まれ。仙台市在住のフォトグラファー。東京、仙台のスタジオアシスタントを経て独立。宮城県内や関東を中心に企業広告、情報誌、ライブ、イベントなど多彩なフィールドで活躍。写真の他、動画の撮影も手掛ける。小学5年生と1年生の2児の父

基礎編

撮影の3つの心構え

元気に遊んでいると
自然と笑顔に

1. 子どもの体調・体力に合わせて

当たり前のことかもしれませんが、子どもは元気な時に一番いい表情を見せてくれます。撮影に夢中になり過ぎて、無理をさせることがないように。お子さんの体調や体力を最優先に、お子さんのペースに合わせて撮影しましょう。

2. 親は動きやすい服装で

歩くような年齢の子どもは予想以上に素早く動くことがあります。お子さんの動きに集中できるように、撮影する親はスニーカーや運動靴など動きやすい服装がお勧め。スカートは裾が地面についてしまう場合もあるので注意が必要です。

3. 子どもの笑顔には親の笑顔

親が笑顔だと子どもも笑顔を見せてくれることが多いです。コロナ禍でマスク着用の生活が当たり前になっていますが、屋外など密にならない場所であれば、親もマスクを外して笑顔を見せながら撮影してみてください。

親が笑顔だと子どもは
リラックスできます

まずは基本を確認

「縦横比（アスペクト比）」はこう選ぶ

スマホやカメラの機種によりますが、大きく［3:2］［4:3］［1:1］［16:9］の4種類の縦横比があります。デジタル一眼レフカメラは［3:2］、コンパクトデジタルカメラは［4:3］が一般的。スマホではiPhoneが［3:2］、Androidが［4:3］［16:9］などが多いです。シーンや目的に応じて設定を変更するといいと思います。

■人物の全身、風景を入れたカット向き

3:2　4:3

人物1人の撮影なら縦カット、風景も入れたいなら横カットがバランスを取りやすいです

■縦横のバランスを気にせず撮りたい

1:1

インスタグラムの投稿で多い縦横比。一見、被写体を収めやすそうですが、個人的には「上にもう少しスペースがあれば」などと思うことがあり、意外と難しい比率だと感じています

■ワイド画面で動画に最適

16:9

動画撮影モードにすると自動的に設定されることが多い比率。YouTubeが推奨している縦横比でもあります。背景をより多く入れられます

スマホは「逆さ持ち」で

多くのスマホのカメラは、上部にレンズが付いています。背の低い子どもとできるだけ同じ目線で撮影するには、レンズが下になる逆さ持ちが有効です。

レンズは下向きに

スマホは「片手持ち」で

スマホの本体やケース、カバーの背後にリングやストラップを付けて片手だけでシャッターを切れるようにします。空いているもう片方の手でぬいぐるみを掲げたり、おもちゃを鳴らしたりすると子どもが笑ってくれます。

片手操作に便利です　　　　　おもちゃで子どもの気を引きます

「光の量や向き」を意識する

光の量や向きで全く違う写真に仕上がります。特に夏の昼間の屋外撮影は太陽が高いので、背景が明るく、顔に影ができやすいです。手軽な対策は人物の向きを少しずつ変え、顔が明るく写る角度を探すことです。

室内での撮影は昼間であれば、光が入る窓際がお勧め。ただし、夕方の強い西日などは影ができやすいです。

構図は「何を主役にしたいか」

「構図」と聞くと難しそうに思うかもしれませんが、何を主役にしたいかという判断がポイント。例えば人物1人の撮影なら、単純に人物を中央に配置するのもありです。旅行やイベントで撮影する際は、人物はあえて中央より横に配置して背景を入れることでストーリーが見える写真になります。

スマホのカメラで撮ってみよう

撮影場所はここ

国営みちのく杜の湖畔公園

自然と文化が体験できる
東北最大級の国営公園

1 特に多くの色で華やぐ春の園内
2 南地区ではボートでの散策もいい

南・北・里山の3地区に分かれ、ファミリーに人気なのは南地区。「彩のひろば」は季節ごとに10万株の花々が咲き、華やかな写真が撮れる。古民家が点在する「ふるさと村」はタイムスリップしたような景観が魅力だ。北地区には輪投げやキックバイクができる「風の草原」、オートキャンプ場「エコキャンプみちのく」などがある。里山地区では木工クラフトや自然観察が体験できる。

data
川崎町大字小野字二本松53-9
TEL0224-84-5991
営／9:30〜17:00 (7月1日〜8月31日は18:00まで、11月1日〜2月末は16:00まで)
休／火曜 (祝日の場合は営業、翌水曜休み)、12月31日・1月1日
※4月1日〜6月第3日曜、7月第3月曜〜10月31日は無休
料金／15歳以上450円、65歳以上210円。中学生以下無料
駐車料金／普通車320円

（有料）　（有料駐車場はあり）

子育て世代をサポート　ベビーカーを無料でレンタル

使い慣れたスマートフォンで、まずはいつも通りにママが撮影

子どもの写真としては体の小ささが分かりやすくかわいらしいですが、高い位置から全体的に引き過ぎて撮影したことで、子どもの主役感が欠けてしまっています。背景を入れるのはいいですが、この写真は少し中途半端。日陰になり、光が不足して少し暗いのも残念です

✕BAD↘

こんな風に撮影しています

宮城県在住の親子が川崎町にある国営みちのく杜の湖畔公園で、スマートフォンのカメラ機能を使って撮影に挑戦。最初はなかなか納得の写真が撮れませんでしたが、カメラマンの田附さんにアドバイスをもらうと愛娘のベストショットが撮影でき、両親は大満足でした。

田附さんにアドバイスをもらって、ママが再び撮影

↓ここを改善

1. 子どもの身長に合わせローアングルで撮影

2. 子どもに近づいて撮影

3. 太陽の光が子どもの顔を照らす位置でシャッターをタップ

○GOOD

こんな風に撮影しています

田附さんにレクチャーを受け愛娘を撮るママ

子どもを主役にできている写真です。青空、落ち葉、遊具の背景の割合も丁度良く、撮影場所や季節感が分かりやすい点もいいですね

秋のわらすこ広場で撮影

スタッフの推し撮影スポット

南地区「わらすこ広場」

ジャンピングドーナッツ（写真）やローラースライダーなど未就学児から遊べる遊具が充実しています。体を動かし表情豊かに躍動的なお子さんの姿を撮影してみては。保護者同伴で、ご利用ください。

年代別 かわいらしさ際立つ3ポイント

プライベートでも自分の子どもたちの成長を撮影している田附さんに、年代ごとのかわいらしいシーンを教えてもらい、実際に撮影してみました。

新生児・乳児（1歳まで）

1. 体の一部をアップで

手、足、目、おなか…と、どこを撮ってもかわいいです。思い切って寄って撮ってみてください。

2. 寝顔の俯瞰（ふかん）

寝ているところを真上から撮影。ただし、スマートフォンやカメラを落とさないように気を付けてください。

3. 2㍑のペットボトルと並べて

身近にあり見慣れている大きいペットボトルと一緒に、子どもの成長の過程で何度か撮影すると「これだけ大きくなった」と実感できます。

大きいペットボトルを選ぶのがポイント

幼児

1. 走る姿、運動している姿

走るのが楽しくなる頃。親に向かって走ってくる時は特にかわいい表情を見せてくれます。

2. 食べている姿

一生懸命ご飯を食べていたり、小さい手でコップを持ってドリンクを飲んでいたりする姿はアップでも引いて撮ってもほほ笑ましいです。

3. 2㍑のペットボトルを持って

大きいペットボトルを持つとミサイルのように見え、格好いい写真になると思います。赤ちゃん時代のペットボトルとのツーショット写真とは違う面白さがあります。

トウモロコシ丸々1本をがぶり

小学校低学年

1. ポージングして

手を腰に添える、戦隊ヒーローの決めポーズを真似るなどしている子どもを撮影。大人が「○○のポーズしてみようか」と声掛けしてみてください。

2. 動物や未就学児と一緒に

自分より体の小さい動物や未就学児をかわいがることができる年代。一緒に撮影すると、より豊かな表情を見せてくれます。

3. 風景を多めに入れる

記念日や旅行、行事などは風景（周囲の様子）を意識して入れることでストーリー性のある写真になります。後から写真で振り返る際、楽しい思い出が分かりやすいです。

お姉ちゃんの表情に

撮影の疑問・悩みを解決

撮影やカメラに関する疑問・悩みは尽きません。いくつかピックアップして、田附さんに伺いました。

Q スマホとデジタルカメラで撮影する大きな違いは？

A レンズとセンサーです。デジカメはスマホより大きいレンズとセンサーを搭載し、より多くの光やデータを取り込め、明るくぶれの少ない鮮明な写真を撮ることができます。デジカメはレンズのぼけ感を調整しやすい点も魅力。周囲をぼかし、主役を際立たせることができます。

スマホのカメラ機能の性能は日々向上し、今は大体の端末で満足度の高い写真を撮ることができます。撮影関連のアプリが増え、背景をぼかしたり、色を変えたりという加工が簡単にできるので、これらを活用するのもいいと思います。

Q 子どもが生まれた時から撮影し、データが増え続けています。子どもの成長の記録を上手に整理する方法はありますか？

A 撮ったデータをそのままにしないこと。ハードディスク（HDD）やクラウドサービス（インターネット上での保存）に必要なデータを移す習慣を身に付けるといいです。暗かったりぼけたりしている失敗したデータはすぱっと消去するのも大事。

私の場合は、その日のうちに撮影データをHDDに移し、撮影年月日でフォルダー分けして管理しています。日付と一緒に撮影場所や旅行先を入れても分かりやすいと思います。撮影ごとにデータを移すのが面倒であれば、月に1回程度のペースで整理するようにしましょう。

Q 歩くようになった子どもはじっとしていることが少なく、写真がブレてしまいます。

A これはよくあるお悩みかと思います。できるだけ光の多い明るい場所を選んで撮影するのが手っ取り早いです。スマホのフラッシュ機能を使うと、ある程度のブレは解消できますが、全体的にのっぺりとした人工的な写真になってしまいます。

Q 天気がいい日に撮影すると、子どもの顔が暗くなってしまいます。

A お子さんの顔の後ろに太陽があり、その光で顔に影ができている可能性が高いです。最近のスマホはデジカメ以上に、自動的に色を調整するように設定されています。明るい周囲に合わせて色が調整されるため、陰になっている部分の顔は一層暗くなってしまいます。スマホにもデジカメにも露出補正機能が付いています。お子さんの顔が明るくなるまで露出（端末によって「色あい」「明るさ」などとも表記）を＋にしてみてください。

暗くなる ←- - - - - - - - - - -｜- - - - - - - - - -→ 明るくなる
－ ├─────────────┼─────────────┤ ＋
0

Q つい動画で撮ることが多いのですが、写真ならではの魅力はどんなところですか？

A 静止画の写真は子どもの笑顔や楽しかった瞬間を切り取って残せるところが魅力だと思います。そのままスマホの待ち受けにもできます。動画から静止画にしようとすると、最近は4K、8Kでも撮影できるとはいえ、大抵は画質が悪くなってしまいます。

レンズを向けたくなる 宮城の遊び場

ミュージアムや公園、スポーツ施設、空港など宮城県内には子連れ向けの遊び場がいっぱい。子どもの表情が輝く、思わずレンズを向けたくなるスポットをピックアップしました。

はーい
こっち見て〜

ヒーロー大好きキッズ ドキドキ

かっこいい
でしょー

次第に
ノリノリに

わあ
すごい

1 ロボコンとガンツ先生の前で「ハイ、チーズ」
2 シージェッター海斗と一緒にポーズ
3 2階常設展示室に入るとサイボーグ009のキャラクターたちがお出迎え
4 乗り物大好きのキッズはアトラクション「サイクロン号に乗る!」に真剣

©石森プロ ©石森プロ・東映 ©石森プロ／街づくりまんぼう

慣れてきて
ポージングを披露

へ〜んしん！

入り口ではまだ緊張気味のキッズたち

スタッフの推し撮影スポット
仮面ライダーの世界

常設展示室には歴代の仮面ライダーが勢ぞろい。1号のモニュメントを囲むように、歴代の仮面ライダーのマスクが並んでいる展示は圧巻。ぜひポーズを決めて撮影してください。

ママが撮影

▼ガラスをすり抜けているのは仮面ライダーの原型となったスカルマン

「萬画の国」デビュー

最近、仮面ライダーギーツに興味津々の同い年キッズが人生初の石ノ森萬画館へ。記念撮影を楽しみながら、憧れのヒーローの世界を満喫しました。

石ノ森萬画館

宇宙船の形をした建物が印象的なミュージアム。漫画家・石ノ森章太郎が手掛けた作品やキャラクターを展示している。館内の随所であこがれのヒーローに出会え、フォトスポットがいっぱい。館内の撮影は常設展示室の「原画コーナー」以外は可能。フラッシュや三脚などの機材の使用は禁止だ。体験アトラクションの「サイクロン号に乗る！」は子どもにも大人にも大人気。大型スクリーンを目の前に、ドキドキの疾走感を楽しもう。展望喫茶「BLUE ZONE」にはキャラクターをイメージしたメニューが充実し、企画展と連動した限定メニューも用意している。

data
石巻市中瀬2-7
TEL0225-96-5055
営／9:00〜17:00（喫茶は10:00〜LO16:30）
休／火曜（祝日の場合は開館、翌平日が休館）
※GW、春・夏・冬休み期間は無休
料金／常設・企画展示室大人900円、中・高校生600円、小学生250円※1階のグッズショップ、3階の喫茶とライブラリーコーナーは無料

子ども用補助便座

（水分補給用のドリンクは可）　（有料）

子育て世代をサポート　ベビーカーでも移動しやすいエレベーターやスロープを設置

▶堤防空間「かわまちオープンパーク」からは石ノ森萬画館の建物と旧北上川のツーショットを撮影できる

活用しよう　どこでもパスポート

仙台都市圏内に住んでいるまたは仙台都市圏内の学校に通っている小中学生が、宮城県内の博物館や科学館などの社会教育施設（一部を除く）を無料で利用できるパスポート。小学校入学時にもらえる。利用できる施設や日にち、期間などの詳細はQRから。石ノ森萬画館も対象施設になっている。

まるで海の中
幻想的な大水槽

仙台の2大テーマパーク

見て、体験して、遊んで、楽しみいっぱい。定期的に開催しているショーも必見。グルメやショッピングも充実し、親子で一日中過ごせます。

1 人物を小さめに撮ると、大水槽の大きさがより際立つ
2 2022年7月にオープンした「うみの杜ビーチ –PENGUIN LIFE-」
3 東北最大級の規模を誇る水族館

　約100基の水槽で300種5万匹もの生きものを展示している。目玉のイベントは、約1000人を収容する「うみの杜スタジアム」で開催されているイルカ、アシカ、バードによるパフォーマンス。水しぶきを上げるイルカの大ジャンプは迫力満点だ。太陽光が降り注ぐ、三陸のうみを再現した大水槽「いのちきらめく うみ」では、約2万5000尾のマイワシの群れが縦横無尽に泳ぐ姿が魅力。大水槽を背景に撮影すると、海の中にいるかのような幻想的な写真が撮れる。新設の「うみの杜ビーチ -PENGUIN LIFE-」はケープペンギンが多く生息する保護区「ボルダーズビーチ」をモデルにした環境一体型展示で、ペンギンたちの暮らしを間近で観察できる。

仙台うみの杜水族館

スタッフの推し撮影スポット
ウミガメ水槽

　2階の「世界のうみ アジアエリア」にある、アオウミガメとタイマイの2頭のウミガメを展示している水槽は、カメと向き合っているような写真が撮れると人気です。

data
仙台市宮城野区中野4-6
TEL 022-355-2222
営／9:00〜17:30（最終入館17:00）※季節により変動あり
休／無休
料金／大人2400円、65歳以上1800円、中・高校生1700円
　　　小学生1200円、4歳〜未就学児700円

うみの杜スタジアム　　有料

子育て世代をサポート　レストランでお子さまメニューを用意

「アンパンマンの世界に入ってみたい」という子どもの願いを実現した体験型ミュージアム。アンパンマンや仲間たちが登場するステージやお面工作は毎日開催。お店屋さんごっこができる「みんなのまち」、体を思いっきり動かせる「SLマンひろば」など遊べて絵になるスポットがいっぱい。靴を脱いで過ごせる「あかちゃんまんテラス」ではハイハイやつかまり立ちの赤ちゃんものびのび遊べる。入場無料の1階ショッピングモールはグッズやフードが充実。ヘアサロンや写真館も併設している。1・2階のベビールームには調乳用温水器、1階のイートインスペースには調乳用温水器と電子レンジを備える。

1 一歩足を踏み入れれば、そこは大好きなアンパンマンの世界 **2**「みんなのまち」でお寿司屋さん気分 **3**「キャラクターグリーティング」でアンパンマンとハイタッチして仲良くなろう **4**「SLマンひろば」は全長7㍍のSLマンがお出迎え **5**「イートインスペース」はキッズチェアや空調を完備

2 **3**

4 **5**

©やなせ・F・T・N

仙台アンパンマン こどもミュージアム & モール

スタッフの推し撮影スポット

バースデーフォトスポット

お誕生日のお祝いにはバースデーフォトスポットでの撮影がお勧め。誕生日前後1カ月以内の1歳〜小学生はチケットうりばでバースデーカードがもらえます。

data
仙台市宮城野区小田原山本丁101-14
TEL022-298-8855
営/10:00〜17:00（ミュージアム最終入館16:00、アンパンマン＆ペコズキッチンLO16:00)
休/臨時休あり
料金/ミュージアムチケット1歳以上2000円（ショッピングモールは入場無料）

［ショッピングモール］ ミュージアムは100円返却式、ショッピングモールは有料

子育て世代をサポート 館内でおむつ・おしりふき・液体ミルクを販売

1

ようこそ！アンパンマンの世界へ

花と緑のスポットは大人にも子どもにも大人気。四季折々の美景を、子どもたちの笑顔とともに撮影してみませんか。

せんだい農業園芸センター みどりの杜

梅園やバラ園、沈床花壇、ハーブガーデンをはじめ四季折々の花と緑が親子連れに人気。滑り台や砂場などのある「キッズガーデン」も整備され、天気の良い日は園内を一望する高台の彫刻芝生広場でのピクニックも楽しい。毎年秋には地域の稲わらで恐竜をかたどった「わらアート」が展示され、夏のイルミネーションなど季節のイベントも多種多様。観光農園でブルーベリーや日本梨、ブドウ、イチジク、リンゴ、トマトといった旬の食材の収穫体験も可能だ（要予約）。

1 美しい花々と香りが魅力の「バラ園」 **2** 「キッズガーデン」には滑り台などの遊具を設置 **3** 秋の恒例イベント「わらアート」も親子に大人気 **4** ジェラートショップなどを併設

スタッフの推し撮影スポット

ふれあい交流広場中央 沈床花壇前

せんだい農業園芸センターのメインの花壇をバックに写真が撮れるスポットです。季節ごとの花々が楽しめるので、季節の移り変わりと共に子どもたちの成長の様子が分かります。

data
仙台市若林区荒井字切新田13-1
TEL022-288-0811
営／9:00〜17:00（11〜2月は16:00まで）
休／月曜（祝日の場合は開園、翌平日休み）、年末年始
料金／入園無料

（芝生広場）

子育て世代をサポート　園内にはショップやレストラン、カフェ、貸し農園を併設

収穫体験も魅力 「農」と触れ合う交流拠点

四季折々の花畑に夢中

圧倒的規模の花のじゅうたん
季節の撮影スポットも好評

やくらいガーデン

スタッフの推し撮影スポット

ふるるの丘

9・10月のふるるの丘は、東北最大級の規模で、丘一面が広大なお花畑となります。約20種類のお花が一斉に咲き誇り、どこから撮影してもお花に囲まれた素敵な写真を撮ることができます。

1 ビオラなど一面の季節の花々が迎えてくれる 2 キャンドル型LEDライトで幻想的な空間を演出する「星あかり」をはじめ夜のイベントも魅力 3 4 園内のあちこちに写真映えする撮影スポットを用意

　総面積15万平方㍍の広大な敷地にローズガーデン、ハーブガーデンなど8つのテーマガーデンを整備。バラやハーブなど約400種の植物が栽培されている。中でも人気を集めるのが菜の花、ケイトウ、バーベナ、サルビアなど季節の花々が一面に広がる東北最大級の花畑「ふるるの丘」。「イースターフェア」「ハロウィンフェア」といったイベントも行われ、季節のテーマで園内を装飾。お気に入りの場所で記念撮影も楽しい。

data
加美町字味ヶ袋やくらい原1-9
TEL0229-67-7272
営／4〜11月10:00〜17:00（最終入場16:30）
休／1〜3月、4・7・8・11・12月は臨時休あり
料金／高校生以上800円、小・中学生200円
　　未就学児・障がいのある方無料 ※お得な入園1年券あり

ガーデン内

子育て世代をサポート　カフェとショップを併設

動物がいっぱい

多彩なしぐさや表情の

眺めて、触れて
貴重な体験を思い出に

宮城県内には東北最大級の動物園、酪農体験もできる観光牧場が点在。さまざまなしぐさや表情の動物たちとの出合いに、子どもも大人も笑顔になります。

115種約600点の動物が出迎えてくれる。キリンやアフリカゾウがいるアフリカ園、ライオンやスマトラトラがいる猛獣舎などエリアごとにさまざまな動物が過ごしている。動物をより間近で観察できる「ふれあい体験」は「ふれあいの丘」で毎日開催。ウサギやヤギ、ヒツジなどに直接触れることができる。「えさやり体験」でアフリカゾウやモルモットなどに餌をあげている様子を狙ってみては。貴重な思い出になるはず。ただし、フラッシュやAF（オートフォーカス）補助光など発光装置を使用しての動物の撮影はNG。園内のカフェレストラン「グーグーテラス」では、動物をテーマにしたプレートやデザートを提供している。

1 キリンやアフリカゾウ、シマウマを一目で見渡せる「アフリカ園」 **2**「えさやり体験」はいずれも1回100円。動物に餌をあげているところを撮影しよう **3** 小さい子どもでも挑戦できるモルモットのえさやり体験 **4** 猛獣舎エリアの「ヒト科ヒト」コーナーは定番の来園記念撮影スポットの一つ。撮影者用のステップを備えている **5**「グーグーテラス」のメニューは思わずカメラを向けたくなる、かわいらしい盛り付け

八木山動物公園 フジサキの杜

スタッフの推し撮影スポット

ふれあいの丘の「ヤギ・ヒツジのふれあい体験」

ヤギやヒツジの間近での観察や、触れて温もりを感じる体験を通して、「いのち」に向き合う子どもの真剣なまなざしや笑顔が見られるかも。動物とのツーショットも狙いやすいです。

data
仙台市太白区八木山本町1-43　TEL022-229-0631
営／9:00〜最終入園15:00
（3月1日〜10月31日は最終入園16:00）
休／月曜（祝日や振休の場合は営業、翌火曜が休園）
　　※2023年4月からは水曜休園
料金／一般480円、小・中学生120円

中央広場休憩所、ペンギン休憩所、園内のベンチのある場所や芝生広場などは可　（有料）　30分まで無料

子育て世代をサポート ベビーカーの貸し出し（有料）、紙おむつ・子ども用の傘や雨合羽などの販売

モーランド・本吉

ウサギやポニーと触れ合い
遊具で存分に体を動かそう

1

まきばのがっこう内
「仔うさぎ抱っこ体験」

毎週土・日曜・祝日に生後2週間〜1カ月程度の子ウサギと無料で触れ合えます。手乗りサイズの可愛い子ウサギに癒やされること間違いなしです！※子ウサギ不在により、休止になる場合がある

売店兼レストランの「べ〜ごこハウス」、乳製品を加工する「ミルクハート館」、各種体験ができる「まきばのがっこう」などを備えた複合施設。ウサギやポニーなど動物を撫でたり、抱っこしたり、観察したりできる貴重な触れ合い体験が人気。ニンジンやキャベツの「エサやり」（100円）など多彩なプログラムをそろえる。

1 アイスクリームなどの手作り体験（1300円〜）は子どもにも大人にも大人気
2 「ポニー乗馬体験」（1周300円）

data
気仙沼市本吉町角柄15-4　TEL0226-43-2468
営／9:00〜16:00
休／月・火曜（祝日の場合は翌日休業）、冬季（12〜3月中旬）
料金／体験により異なる

べ〜ごこハウスのみ

子育て世代をサポート　ローラースライダーなど遊具も充実。季節によってブルーベリー摘み取り、カブトムシの展示販売も行っている

ふれあい牧場

緑に囲まれた広大な牧場でかわいいヒツジやヤギたちと触れ合いが楽しめ、一緒に記念撮影できます。旅の思い出にベストショットを狙ってください。※雨天時は中止

data
蔵王町遠刈田温泉字七日原251-4
TEL0224-34-3769（蔵王ハートランド）
営／体験内容によって異なる　休／冬季（11月下旬〜3月下旬）
料金／入園無料。体験料は内容によって異なる

牧草地

子育て世代をサポート　牛乳を使ったチーズやソーセージ、アイスクリームの手作り体験も人気。手作り体験は内容によって3日前〜1週間前の予約が必要、事前に確認を

ふれあい牧場蔵王ハートランド

ヒツジやヤギと記念撮影
親子で乳製品作りにも挑戦

1

2

1 南蔵王麓の豊かな自然に囲まれた牧場 2 牛やヒツジと触れ合える（ふれあい体験はコロナ感染症予防のため一部制限する場合がある）

南蔵王麓の広大な敷地に「蔵王チーズ」の工場や直売所、チーズ料理店「ウィンドスクエア」、ジンギスカンレストラン「ウィンドデッキ」などの施設、牛やヒツジ、ヤギなどを飼育する牧場を併設。東京ドーム20個分の牧場の一部を「ふれあい牧場」として一般開放している。4〜11月にかけて放牧される羊やヤギと記念撮影やふれあい体験が楽しめる。

名取市サイクルスポーツセンター

安全に楽しく
自転車デビューに最適

1

2

3

潮風を感じながら全長約4㌔の「サイクリングロード」を走行しよう。自転車は持ち込み可能。レンタル自転車もあり、イルカなどをデザインした「動物サイクル」、自動車型の4人乗り「カルテット」など多彩。幼児〜小学校低学年向けの4輪自転車は、SLやF1をイメージしたデザインが目を引く。入場料のみで利用できる「遊具広場」には山状に膨らんだトランポリン「ふわふわドーム」、水遊びができる「噴水広場」（夏季のみ）などがそろう。敷地内に宿泊施設「輪りんの宿」があり、天然温泉やレストランは日帰りでも気軽に立ち寄れる。

1 写真手前の遊具広場は小さい子どもがいるファミリーに好評 2 クラシックカーをイメージした自転車 3 車輪が太く転倒の心配がない

スタッフの推し撮影スポット

おもしろ自転車広場

個性的なデザインや変わった乗り方が楽しめる自転車が大集合。子どもにはウサギやイヌなどのデザインがかわいらしい「動物サイクル」が大人気。

data
名取市閖上字東須賀2-20
TEL022-385-8027
営／9:00〜17:00（12〜3月は16:30まで）
休／水曜（夏休み期間を除く）、雨天時（ウェブサイトで告知）、屋外施設は12月28日〜1月3日
料金／入場料（遊具広場、スケートボード場、サイクリングロード利用料込み）…一般200円、小学生100円
　　　レンタル自転車（入場料込み）…一般（小学生）1時間500円（300円）、2時間800円（500円）
　　　3×3コート・フットサルコート（要予約）…1時間1000円

ロビー
水分補給用ドリンクは可
100円返却式

子育て世代をサポート　幼児用の自転車や遊具が充実

自転車、鉄道、飛行機を身近に　乗り物

くりはら田園鉄道公園

1

鉄道好きの親子に人気
地域の足「くりでん」跡

スタッフの推し撮影スポット

鉄道装置の前

鉄道装置の前での記念撮影は鉄道公園ならでは。普段近くで見ることができない線路切り替え装置や踏切などを展示しています。真剣に観察するお子さんの姿を撮影して。

仙台空港

飛行機に乗る人はもちろん、乗らない人も楽しみいっぱい。エアポートミュージアム「とぶっちゃ」は入場無料で、本物のコックピットの計器類や機内の調理場のギャレー、ビジネスクラスのシートを展示している。直径1メートル30センチのエアバス321型機用メインタイヤは間近で見て触って、その大きさを実感しよう。エアポートミュージアムと同じ3階では、4人乗りの小型飛行機「FA-200エアロスバル」も見学できる。航空整備士を目指す学生の教材機として使われたもので、仙台空港祭では実際にコックピットに座って操縦体験ができる。

気分はパイロット 大空の魅力に触れよう

スタッフの推し撮影スポット

展望デッキ「スマイルテラス」

飛行機の離発着や滑走路を眺められるビュースポット。屋上にあり、風と音を体感できます。格好いい飛行機とのツーショットを狙ってみては。

1 空港や飛行機の魅力を体感できるエアポートミュージアム「とぶっちゃ」 2 フライトシミュレーター（有料）で操縦体験 3 小型飛行機と一緒に撮影しよう

data
名取市下増田南原
TEL022-382-0080
営／とぶっちゃ9:00〜19:00
　　スマイルテラス6:45〜20:00
　　（悪天候の際は閉鎖する場合がある）
休／無休
料金／無料

ロビーなど　　　　　　　　有料駐車場はあり

子育て世代をサポート　授乳室には水やミルク作り用の給湯設備、おむつ交換用のベッドを完備

子きは大興奮

陸と空を代表する乗り物の魅力に触れられる3つのスポット。実際に乗ったり、駅員さんになりきったり、いつもとは違う雰囲気を満喫して。

廃線になった「くりはら田園鉄道」について伝える「くりでんミュージアム」、当時運行していたディーゼル気動車やレールバイクの乗車体験ができる「旧若柳駅くりでんアトラクションゾーン」、機関車をモチーフにした遊具がシンボルの「くりでん芝生広場」が集まる。一帯は「くりはら田園鉄道公園」の名前で親しまれている。4〜11月は月1、2回、レールバイクやくりでん車両の乗車会を実施している。公園近くにある大正時代に建てられた「旧若柳駅」は4〜12月中頃の火曜を除き無料開放。タイムスリップしたような気分を満喫できる。

1「くりでんミュージアム」では「こども制服」を借りられる 2 天気がいい日は憩いの場になっている「くりでん芝生広場」。公園に隣接する農産物直売所では軽食やソフトクリームを販売している 3「旧若柳駅」では帽子を借りて、駅員になりきって撮影できる

data
栗原市若柳川北字塚ノ根17-1
TEL0228-24-7961
営／公園9:00〜17:00
　　くりでんミュージアム10:00〜17:00（最終入館16:00）
　　※くりでんアトラクションゾーンはイベントによる
休／くりでんミュージアムと旧若柳駅は火曜、12月29日〜1月3日。旧若柳駅は12月末〜3月。他は無休
料金／くりでんミュージアム高校生以上500円、小・中学生300円（他は入場無料）

※アイコンはくりでん芝生広場の情報　　ひろびろトイレはある

子育て世代をサポート　くりでんミュージアムは未就学児が入館無料。トイレだけの利用もお気軽に

心くすぐる遊具が魅力

全身を動かして楽しめる目にも楽しい遊具。普段と違う刺激が子どもたちの生き生きとした表情を引き出し、楽しい思い出を作ってくれます。

親子の五感を刺激する
アートな公園

マッシュパーク女川

スタッフの推し撮影スポット

園内遊具

カラフルでユニークな形をした遊具はどこを撮っても絵になります。遊び方も自由で、子どもたちが本気で楽しむ姿やとびっきりの笑顔が見られること間違いなし。

1 「道の駅おながわ」に隣接し、食事や買い物の合間に立ち寄れるロケーションも嬉しい
2 「うみうしくん」「ちんあなごくん」など海の生き物がモチーフ
3 鏡アートの「ひとでくん」（写真手前）など個性豊かな遊具が並ぶ

　2021年8月にオープン。ファッションやデザインなどを手掛ける「マッシュホールディングス」が女川町に寄贈した目にも楽しいアートな公園。大阪出身の彫刻家高田洋一さん（高田洋一彫刻研究所）が「子どもが自ら遊び方を考え飽きずに遊べる」「人がリラックスして子供を見守れる」などのコンセプトの下、女川の自然の美しさを街に溶けこむ色彩で表現。大きな滑り台やトンネルなどを備えたシンボル「うみうしくん」や、遊具のてっぺんから差し込んだ光が地面に星形の影を映す「ひとでくん」をはじめ、子どもたちの心を刺激するデザイン性豊かな遊具が魅力だ。

data
女川町海岸通り2
TEL0225-24-8118（指定管理者：女川みらい創造）
料金／無料

海岸広場多目的
トイレ内

海岸広場内約100台、その他町営駐車場約250台

子育て世代をサポート　近くにトイレ（男・女・多目的）があり、多目的トイレ内にはおむつ交換台を設置

体を動かしてたっぷり遊ぼう

天候に関係なくいつでも遊べる屋内施設。小学生までの子どもたちが年齢に応じて楽しめる「わくわくパーク」と「のびのびランド」「すくすくひろば」の3つの遊びエリアがある。全身を使って元気に遊べる高さ8㍍の大型遊具、皆で楽しく遊べるエア遊具やボールプールが好評。ゆったり過ごせる絵本コーナー「よむよむひろば」も人気を集める。「あそびうたコンサート」をはじめ、わくわくドキドキするイベントが多彩に開催されているので、何度行っても楽しめる。各遊び場にはベンチやソファがあり、付き添いの大人にも優しい。

1 よじ登ったり滑ったりさまざまな楽しみ方ができる大型遊具
2 3 遊びながら子どもたちの体力や運動能力を培う楽しい工夫がいっぱい

こじゅうろうキッズランド

スタッフの推し撮影スポット

大型遊具

登ったり滑ったり、身体を動かしてのびのびと遊べる大型遊具は撮影スポットとしても大人気。子どもも大人も一緒に遊べる楽しい遊具です。

data
白石市福岡長袋字八斗蒔38-1
TEL0224-26-8178
営／10:00〜16:30
休／木曜(祝日の場合開館、翌平日休み)、12月29日〜1月3日
料金／1回300円、6カ月未満無料
　　※お得なパスポート・回数券もある

(無料)

1階わいわいサロン(交流スペース)、2階はノとリロン(ホール・休憩エリア)、いずれも平日のみ可

子育て世代をサポート 敷地内に農産物販売施設おもしろいし市場、地元食材活用のレストランみのりキッチンがある

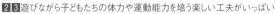

わくわくドキドキ
イベントも多彩

富谷市の地名が由来
17基の木製アスレチック遊具

大亀山森林公園

スタッフの推し撮影スポット

アーティストによって
ペイントされた4体の亀

公園のシンボルである4体の亀がプロのアーティストによってペイントされ、カラフルに変身。バーベキュー広場にあるアートな小屋と一緒に撮影すると、より映え写真が撮影できます。

1 ローラー滑り台のあるバーベキュー広場。アートな亀たちが迎えてくれる
2 ネットにつかまって反対側を目指す「富ケ丘サークルめぐり」
3 ネットの上を渡るアスレチック「一、二、三ノ関の大堰（ぜき）越え」
4 ロープにつかまって壁を登る「とちの木団地のぼり」

小学生から大人まで幅広く楽しめるバリエーション豊富なアスレチックを備え、存分に身体を動かして遊べる公園。小学生以上を対象にした難度の高い「今泉の谷間越え」「明石台かけのぼり」「日吉台神社めぐり」といった富谷市の地名にちなんだ17基の木製アスレチック遊具を備える。「ちびっこゲレンデ」は低学年用と高学年用の2種類の滑走コースを整備しており、持参したソリを使って自由に滑走できる。親子でバーベキューが楽しめる「BBQ広場」の利用は無料、要予約。

data
富谷市大亀和合田一番13-1
TEL022-348-5885（大亀山森林公園管理事務所亀亀館）
開／9:00～17:00　休／冬季（12～3月）
料金／無料

園内

子育て世代をサポート　小学生以下の子どもたちには、第1駐車場から管理事務所へ向かう途中の市道沿いの公園がお薦め

長沼フートピア公園

オランダ風車と記念撮影
アスレチックやキャンプ場も人気

1

1 オランダ風車は2022年末まで修繕工事の予定

本場オランダから取り寄せたオランダ風車がシンボル。毎週土・日曜、祝日に風を受けて稼働する姿と一緒に記念撮影する親子連れが多い。敷地内にはターザンロープをはじめ木製のアスレチック遊具、全長111㍍のローラー滑り台、ピクニックができる芝生広場、キャンプ場、休憩ができるかやぶき屋根の「ふるさと館」などを併設。キャンプ場は「電源付きオート」「芝生広場サイト」「一般」3種と食事棟・炊飯棟を備え、日帰り利用OK（要ネット予約）。長沼を一望できる「ボート場観覧席」からの大パノラマも人気。

スタッフの推し撮影スポット

ふるさと館前アスレチック遊具からの風車の景色

仰ぐようにしてみると滑り台も一緒に映り、角度的に風車が堂々と映えるため、撮影スポットとして非常にお薦めです。

data
登米市迫町北方字天形161-84
TEL0220-22-7600
営／6:00〜21:00（キャンプサイト受付8:30〜17:00、ふるさと物産館10:00〜17:30）
休／キャンプ場は12〜2月、この他施設によって異なる
料金／キャンプ場高校生以上300円、小中学生200円、未就学児無料（サイト使用料別途）
※レンタサイクル休止中。持参は可

公園内

子育て世代をサポート　キャンプ場は要ネット予約。バーベキューやキャンプファイヤーも楽しめる

スタッフの推し撮影スポット

ローラー滑り台（上部）

天気が良ければ仙台港まで一望でき、四季折々の景色を背景に撮影できます。

data
利府町菅谷字舘40-1
TEL022-767-3621
※プレイルームはTEL022-356-1122
営／遊具広場8:00〜18:00
　　プレイルーム9:00〜17:00
　　（催事などで変更あり）
休／施設によって異なる
料金／施設によって異なる

サブアリーナ・プール・スタジアムロビー内に「みやぎFree Wi-Fi」設置

芝生広場など　　サブアリーナロビー内（施設利用者対象）

子育て世代をサポート　4〜10月の週末にはキッチンカーも来場

宮城県総合運動公園（グランディ・21）

家族で1日たっぷり遊べる
総合スポーツ施設内の公園

1

2

東北最大規模の宮城スタジアムや総合体育館などが集まる総合スポーツ施設。無料開放など多彩なイベントの他、スイミングやチアダンス、体操、テニスといったキッズスポーツ教室が開かれている。中でも公園エリアは展望台のある「芝生広場」、アスレチックが並ぶ「遊具広場」、幼児向け遊具やブランコ、ローラー滑り台のある「集いの広場」を備え、多くの親子連れでにぎわう。

1 アスレチック18基が遊歩道沿いに並ぶ「遊具広場」 2 サブアリーナには複合遊具やブロッククッションを備えた未就学児対象のプレイルーム（無料）もある

みちのく伊達政宗歴史館

政宗公の人生学べるミュージアム
こま・こけしの絵付け体験も

１伊達政宗公の生涯をろう人形を使った場面で再現 ２絵付け体験は800円から

仙台藩祖伊達政宗公の生涯をろう人形で紹介する展示施設。等身大のろう人形200余体を使って25の場面で再現する他、太宰治や宮沢賢治ら「みちのくの偉人」のろう人形も展示している。併設の「伊達な木地屋」ではこまやこけしに絵付け体験が可能。敷地内には飲食施設を併設、見て触って撮って楽しめる「松島トリックアート特別展」も開催している。

スタッフの推し撮影スポット

兜（かぶと）体験
（持ち帰り用眼帯付き 1500円）

1分で政宗公に変身！ 眼帯は記念に持ち帰れます。身長150ザ以上の方のための「甲冑着付け」（要予約、1万円）もあります。

data
松島町松島字普賢堂13-13　TEL022-354-4131
開／9:00～17:00
休／みちのく伊達政宗歴史館は無休
　　伊達な木地屋は水曜、臨時休あり
料金／伊達政宗歴史館入館料高校生以上1000円、小・中学生500円、未就学児無料、トリックアート入館料4歳～中学生400円、高校生以上500円

子育て世代をサポート トリックアート特別展とのお得な共通券あり

親子で歴史ロマンを体感

地元の偉人や歴史をモチーフにしたキッズにも人気のスポット。歴史ロマンも楽しんで。

スタッフの推し撮影スポット

つねモロシップわらすこ号

子どもたちのかわいらしさがより一層引き立つのがバブルパネル。遊具中央にある透明な丸いドーム型の窓からのぞく子どもたちのかわいらしさは写真映え間違いなしのお薦めフォトスポットです。静かな夜にライトを浴びた姿も昼とは違った幻想的な表情を見せてくれます。

data
大郷町中村字北浦43
TEL022-359-5503（大郷町農政商工課）
営・休／入場自由　料金／無料

子育て世代をサポート 「道の駅おおさと」では大郷町産の新鮮野菜や加工品を提供。フードコートやカフェがあり、モロヘイヤを使ったうどんやソフトクリームも人気

郷郷ランド

支倉常長ゆかりの大郷町で子どもたちの笑顔と夢を乗せた船で旅をしよう！

１30年近く愛されてきた木製複合遊具「ヤンチャ丸つねなが」に代わる新遊具として2022年3月に新設された「つねモロシップわらすこ号」

道の駅おおさとの向かいにあり、町外から買い物に訪れる家族連れにも人気の遊び場。大郷町ゆかりの偉人・支倉常長らを乗せた「サン・ファン・バウティスタ号」をイメージした人気の遊具が「つねモロシップわらすこ号」。愛称は地元小中学生から募集し決定された。チューブ型の滑り台や登り棒、ボルダリングなどを備え、夏季と冬季はカラフルなイルミネーションで飾られる。

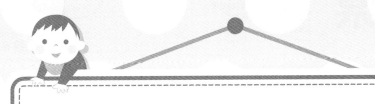

宮城県

子育て行政サービス

生まれてよかった 育ってよかった 住んでよかった
世界に誇れる宮城

❧ 宮城県

〒980-8570
仙台市青葉区本町3-8-1
TEL022-211-2111
人　口／226万1440人
世帯数／103万5714世帯
面　積／7282平方㌔
（2022年9月30日現在）

子育て支援を進める
県民運動シンボルキャラクター
アニメむすび丸

©宮城県・旭プロダクション

◯ みやぎ結婚応援・子育て支援パスポート

　県は、「地域みんなで！子育ておせっかい♪」を合言葉に、「子育て支援を進める県民運動」に取り組んでいる。この運動は、行政や企業、住民など、地域が協力することで県内の子育て支援の輪を広げ、「子育てにやさしい宮城県」を目指すものだ。「子育て支援を進める県民運動」の一環として県内の子育て家庭を社会全体で応援するために、みやぎ子育て支援パスポート事業を実施している。

　この事業では、子育て家庭が「みやぎっこ応援の店」で「みやぎ子育て支援パスポート」を提示すると、割引やおまけのプレゼントなどのサービスを受けられる。サービスの内容や利用条件などは、店により異なっているので、利用時には事前に確認しよう。

　2018年11月から「みやぎ子育て支援パスポートサイト」を開設し、サイト上で利用者登録や店舗サービスの内容などの検索が可能となっており、「みやぎ子育て支援パスポート」もスマートフォンで利用できる。

　「みやぎっこ応援の店」は「みやぎ子育て支援パスポートサイト」で検索することができる。22年10月末現在、2400店が登録していて、飲食店や塾、クリーニング店など、暮らしに役立つお店がいっぱいだ。

　また、同様の事業は全都道府県で実施している。それぞれの都道府県によって利用条件が異なるので、事前にウェブサイトなどで確認しよう。

　2022年11月からは宮城県で新たに新婚夫婦や結婚予定のカップルを対象とした「みやぎ結婚応援パスポート」の運用も開始。結婚から子育てまで切れ目なく応援していく。
みやぎ結婚応援・子育て支援パスポートサイト
https://miyagi-marichilpassport.jp/
参加自治体リンク集：
https://www8.cao.go.jp/shoushi/shoushika/passport.html
みやぎ子育て支援パスポートFacebookページ
https://www.facebook.com/みやぎ子育て支援パスポート-110086797399768/

※スマホ版サイトイメージ

みやぎ結婚応援・子育て支援 協賛店舗募集中

　県は、子育てや結婚を支援する協賛店舗を募集している。
　登録方法は「みやぎ結婚応援・子育て支援パスポートサイト」を確認しよう。

https://miyagi-marichilpassport.jp/

◯ みやぎっこ応援ローン

　県は、少子化の一因とされている出産・子育てに係る経済的な負担や不安の軽減を図るため、県内に本店を置く11金融機関と連携し「みやぎ子育て世帯支援総合融資」を行っている。

　子育てに係る資金全般について、妊娠している方から大学卒業までの子どもがいる子育て世帯を対象に、優遇金利で融資を行う制度だ。多くの県民に利用してもらい、出産・子育てを希望する方が安心して子どもを産み、育てることができる地域社会の実現につなげていく。

融資の特徴

・県内に在住する「子育て世帯」（妊娠中も含む）を対象
・使途は出産や扶養する子の養育および教育に要する資金全般を対象

お米を食べて育ちました。
肉質に優れた「しもふりレッド」を交配した宮城野豚にお米を与えたのが「宮城野豚 みのり」です。オレイン酸の割合が増え、脂肪部分の官能評価では、白さや食感がアップ。

宮城野豚 みのり
地産地消
JA全農みやぎ
宮城野豚銘柄推進協議会
遠田郡美里町北浦字生地22-1
TEL0229-35-2720
宮城野豚は全国農業協同組合連合会の登録商標です。

"お客様の笑顔"を第一に考え
あなたの街の"Only1"企業を目指し
皆様の幸福と豊かな家庭作りに貢献する。

Kyoshin 共進運輸株式会社
仙台物流センター

代表取締役社長　髙橋 幸司

宮城県富谷市成田9-8-4
TEL022-348-3575 FAX022-348-3571

マスコットキャラクター　もっちゃん・りっちゃん

もっともっと、「しんきん感」向上宣言！
杜の都信用金庫

〒980-0803
仙台市青葉区国分町三丁目5番30号
TEL022-222-8151

宮城県子育て支援情報サイト「みやぎっこ広場」

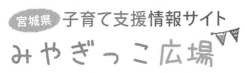

子育てに役立つ情報や支援情報をお届けします。
https://www.pref.miyagi.jp/
site/kosodate/

「みやぎっこ応援隊」募集中
登録方法はウェブサイトを確認しよう。

登録方法：https://www.
pref.miyagi.jp/site/
kosodate/support-
miyagikko-ouentai.html

・県と県内金融機関が連携し、各金融機関の企画提案により新たな融資商品を創設
・県が融資原資の一部を各金融機関に預託することで、各金融機関が提案した金利から2％引き下げた金利を貸出金利として設定

取扱金融機関
七十七銀行、仙台銀行、石巻信用金庫、気仙沼信用金庫、仙南信用金庫、宮城第一信用金庫、杜の都信用金庫、東北労働金庫、石巻商工信用組合、仙北信用組合、古川信用組合（計308店、うち県内293店）

利用できる方
・申込時に県内に住所を有する（※1）
・22歳以下の子ども（※2）を扶養している、ならびに妊娠中およびその配偶者
・申込時の年齢が満18〜20歳以上（※3）
・継続して安定した収入がある
・そのほか各金融機関が定める融資基準を満たしている
※1…信用金庫と信用組合においては、それぞれの営業地域内に居住または勤務している
※2…満22歳に達する日以後の最初の3月31日までの間にある子ども（ただし大学において修業年限を6年とする課程にある子にあっては、満24歳に達する日以後の最初の3月31日までの間にある子ども）
※3…金融機関により申込可能な年齢が異なる

融資額
最大500万円
※金利や融資期間など詳しくは県ウェブサイトを確認するか、金融機関に問い合わせを

融資対象使途
出産や教育など子育てに必要となる資金全般。ただし事業性資金、レジャー・娯楽資金、借換資金、投機・転貸資金および高級服飾品を購入する資金などは除く
みやぎ結婚応援・子育て支援パスポートから
ここまで
問／子育て社会推進課 TEL022-211-2528

○ 児童相談所

児童相談所は、市町村と連携を図りながら子ども（18歳未満）に関する家庭、学校、地域などからの相談に応じ、子どもが有する問題や真のニーズ、子どもの置かれている環境の状況を的確に捉え、それぞれの子どもや家庭に効果的と思われる支援・援助を提供することで、子どもの福祉を図り、子どもの権利を守ることを目的に設置された行政機関。
その任務と機能は、児童福祉法に基づき次のように定められている。
①相談機能　家庭、学校、地域からの相談を受け、子どもの家庭状況、地域状況、生活歴、発達状況、性格、行動などについて総合的に調査・診断・判定を行う。それらを基に、関係機関と連携して子どもへの一貫した支援を行う

児童相談所への相談の内容（例）

養護の相談	家庭の事情（親が病気、経済的に難しいなど）により、子どもを育てることができない。親がいなくなってしまい、子どもに身寄りがない。つい、子どもをたたいてしまう、傷つけるようなことを言ってしまう、無視してしまうなど。
非行の相談	お金の持ち出し、暴力・暴言、家出、盗み、火遊び、夜間徘徊（はいかい）、シンナー等薬物の使用などで困っている。
性格行動の相談	部屋（家）に閉じこもって出てこない（外出しない）。家庭や学校などで落ち着きがなく、みんなと一緒に行動できない。
発達の相談	ほかの子どもと比べて言葉が遅れている。身の回りのことがなかなか身に付かない。障害のある子どもの育て方を知りたい。
里親などの相談	家庭に恵まれない子どもを預かり、育てたい。

キリスト教教育、モンテッソーリ教育、たてわり保育でお子様の社会性を育成します。
聖ドミニコ学院幼稚園
St.Dominic Institute Kindergarten
正しいことを知り、愛と誠を持って実践する
あかるく　つよく　ただしく
満3歳児クラス
3歳の誕生日翌日から入園可能
仙台市青葉区角五郎二丁目2-14 TEL022-222-6337
https://t-kind.dominic.ac.jp/

安全で安心な職場へ
働くみなさんを
応援します！
つながろう
NIPPON
連合宮城
［無料］　連合宮城　検索
なんでも労働相談ダイヤル
TEL0120-154-052

「女性のチカラを活かす企業」認証企業
公共施設や民間企業、個人邸庭園の
土木造園・外構工事
マンションの緑地管理など
art garden
株式会社
アート・ガーデン
代表取締役 管野 昌俊
営業時間　定休日
8:30〜18:00　土・日曜日
仙台市青葉区栗生1-6-9
TEL&FAX 022-399-6673

②**一時保護機能** 効果的な援助を行うため、必要に応じて子どもを家庭から離して一時保護する

③**措置機能** 子どもへの援助として、児童福祉施設に入所させる、または里親に養育を委託するなどの措置を行う

上記のほかにも、親権者の親権喪失宣告の請求や未成年者の後見人の選任・解任請求を家庭裁判所に対して行ったり、児童虐待への対応のために該当する家庭への立ち入り調査や警察への協力要請を行ったりできる。

●各種相談にも対応

児童相談所は、子どもの心や体のこと、家庭や学校での気掛かりなことについて相談に応じ、子どもが明るく健やかに成長できるよう、援助をする専門機関でもある。親や地域などからの各種相談に応じている。

相談は無料で、内容や個人の秘密は厳守される。

問／中央児童相談所 TEL022-784-3583（仙南圏・仙台都市圏=仙台市除く=）、北部児童相談所 TEL0229-22-0030（大崎圏、栗原圏）、東部児童相談所 TEL0225-95-1121（石巻圏、登米圏）、

東部児童相談所気仙沼支所 TEL0226-21-1020（気仙沼・本吉圏）、仙台市児童相談所 TEL022-219-5111（仙台市）、児童相談所虐待対応ダイヤル「189」または児童相談所相談専用ダイヤル「0120-189-783」にダイヤルすると、24時間いつでも近くの児童相談所に通告・相談できる

児童虐待防止の推進

県では各関係機関と協力・連携し、児童虐待防止を推し進めている。身近なところで虐待をうかがわせるようなケースがあったら、まずは相談機関へ連絡を。

●子どもの虐待の種類

主に次の四つのタイプがある。

①**身体的虐待** 殴る、蹴るなどで外傷を負わせたり、生命が危うくなるようなけがをさせたりなど

②**性的虐待** 子どもにわいせつな行為をする、または子どもにわいせつな行為をさせる

③**ネグレクト**（養育の拒否・保護の怠慢）

適切な食事を与えない、ひどく不潔なままにする、重大な病気やけがをしても医師に診せない、同居人による暴力の放置など

④**心理的虐待** 子どもの存在の無視、言葉による脅しや脅迫、兄弟姉妹間の差別的な扱い、子どもの前での暴力・暴言など心に不安や恐怖を与えること

相談は居住地の市町村の福祉や母子保健の窓口で受け付けるほか、県保健福祉事務所（地域事務所）、児童相談所で受け付ける。

また、県保健福祉事務所（地域事務所）では子どもや家庭関係全般に関する相談も受け付けている。

複数の機関・窓口で同様の相談に応じていて、どこに行けばよいのか悩むかもしれないが、いずれも専門の担当者が配置され、親身に相談に乗ってくれる。まずは早めの相談が肝心だ。

まなウェルみやぎ

教育・保健福祉分野における県民サービスの向上を目的とした複合施設「まなウェルみやぎ」は名取市の仙台空港アクセス線・美田園駅のそばにある。

施設は県の機関で総合教育センター、美田園高校、子ども総合センター、中央児童相談所、リハビリテーション支援センターが入っている。

子どもに関わる教育と福祉の諸施設が1カ所にあるため、施設間の連携が一層強まり、発達障害、不登校、いじめ、虐待など、さまざまな相談に応じたきめ細かなサービスが可能となっている。また、一人一人の子どもの暮らし方や環境に応じ、教育と福祉の両面から総合的、専門的かつ継続的な支援ができる。

●宮城県子ども総合センター

子ども総合センターは、子どもメンタルクリニック、子どもデイケア、子どもの健全育成関係者の人材育成、関係機関の支援などを実施。施設1階は、火～木曜（祝日、年末年始等を除く）9:30～11:30に「のびのびサロン」と

美田園駅そばの県道沿いにある

子どもを虐待から守るための5カ条

その1
「おかしい」と感じたら迷わず連絡（通告）を

その2
「しつけのつもり」は言い訳

その3
ひとりで抱え込まない

その4
親の立場より子どもの立場

その5
虐待はあなたの周りで起こり得る

せんだいメディアテーク
sendai mediatheque

写真／宮城県観光課

仙台市青葉区春日町2-1
TEL022-713-3171 FAX022-713-4482
https://www.smt.jp

仙台市戦災復興記念館

仙台市戦災復興記念館は、仙台空襲と復興事業の記録を保存し、仙台市の今日の発展の蔭にあった戦災と復興の全容を後世に伝えるとともに、あの悲劇を二度と繰り返さないための平和の殿堂としていくものです。

記念館には、常設の資料展示室のほかに、270名収容の記念ホール、大小11の会議室等があり、市民の文化・自主活動の場として利用していただいております。

資料展示室 仙台空襲とその後の復興事業についての展示・解説

入場料／一般（高校生以上）120円、小・中学生60円 ※団体料金・各種減免あります

仙台市青葉区大町2-12-1 TEL022-263-6931 FAX022-262-5465

▼▶広々と遊べる
「にこにこラウンジ」

◀▲絵本や遊具がそろう
「のびのびルーム」

して開放しており、乳幼児とその家族が自由に遊ぶことができる。子ども文庫として絵本の貸し出しを行っている。いずれも利用無料。

また、保育所や幼稚園、子育て支援施設、ボランティア団体向けに紙芝居、大型絵本、パネルシアター、エプロンシアターの貸し出しも行っている。

問／TEL022-784-3580

●宮城県総合教育センター

総合教育センターには不登校・発達支援相談室「りんくるみやぎ」が設置されており、電話による各種相談に応じている。

・子供の相談ダイヤル TEL022-784-3568
　月～金曜9：00～16：00
　（祝日、年末年始除く）
・不登校相談ダイヤル TEL022-784-3567
　月～金曜9：00～16：00
　（祝日、年末年始除く）
・発達支援教育相談ダイヤル
　TEL022-784-3565
　月～金曜9：00～16：00（祝日、年末年始除く）

「まなウェルみやぎ」の外観

相談先に悩む場合は、月～金曜（祝日、年末年始除く）の8：30から17：15まで「まなウェルみやぎ相談支援テレホン」TEL022-784-3570で対応。いじめなどに悩む子どもと保護者には、24時間年中無休の「24時間子供SOSダイヤル」フリーダイヤル0120-0-78310（IP電話での利用は022-797-0820〈有料〉）もある。

問／TEL022-784-3541

宮城県母子・父子
福祉センター

仙台市宮城野区安養寺にある母子・父子福祉センターは、ひとり親家庭や寡婦の方の生活全般や就業などの各種相談に応じ、自立を支援する施設。センターには公益財団法人宮城県母子福祉連合会の事務局があり、県からの指定管理を受け、センターの管理・運

GAME
せんだい 3.11メモリアル交流館
Sendai3/11 Memorial Community Center

営業時間
10：00～17：00

休館日
毎週月曜日
（祝日の場合はその翌日）
祝日の翌日
（土・日・祝日を除く）
年末年始、臨時休館日

▼震災と復興の記録
（2階展示室壁面）

仙台市若林区荒井字沓形85-4（地下鉄東西線荒井駅舎内）
TEL022-390-9022

史跡陸奥国分寺・尼寺跡ガイダンス施設

◆展示棟
陸奥国分寺・尼寺跡を出土品とパネルで分かりやすく紹介
◆休息棟「天平廻廊（てんぴょうかいろう）」
奈良時代の雰囲気を感じられる廻廊を伝統工法と現代工法を融合させて再現

開／9：00～17：00（最終入館は16：45）
休／無休　入館料／無料

所在地／仙台市若林区木ノ下2-5-1
問／市文化財課 TEL022-214-8893

就業支援事業

就業相談に応じ、家庭状況や職業の適性、就業への意欲形成、職業訓練の必要性などを把握し、求人の情報提供など適切な指導や助言を行う。

就職・転職セミナーの開催

就業準備・離転職に関するセミナーを開催している。

就業支援講習会の開催

就業に結び付く可能性の高い技能、資格を習得するためパソコンや介護の講習会を開催している。

就業情報提供事業

求職登録者、講習会修了者らの求職活動を支援するため、就業支援バンクを開設。希望する雇用条件などを登録し、それに応じた求人情報を登録者に提供する。

母子父子家庭等電話相談事業

ひとり親家庭や寡婦を対象に、電話相談を実施。就業や家事など日々の生活に追われたり、相談相手を得るのに困難な面があったりすることから、気軽に利用してもらおうと日曜にも受け付けている。
TEL022-295-0013
相談時間／9:00〜17:00
（火・土曜、祝日、年末年始除く）

問／TEL022-295-0013

営に当たっている。

特に就業支援の面ではひとり親家庭の親に重点を置き、上記の事業を実施している。

にも支援員がいる。

ひとり親家庭支援員

県では各保健福祉事務所（地域事務所）に「ひとり親家庭支援員」を配置している（下記の表）。

支援員はひとり親家庭が抱えるさまざまな問題や、母子父子寡婦福祉資金の貸し付けなどの相談に応じ、問題解決に必要な助言や支援を行っている。仙台市をはじめ一部の市

ひとり親家庭支援ほっとブック
～子育てをひとりで悩まないための本～

主に「手当、年金、助成、貸付等の経済支援」「就労に関する支援」「養育相談・心のケア、法律相談」「住居、保育、就学支援、その他の支援」に分かれ、それぞれ該当する手当や給付金、貸付金、助成金、相談機関と連絡先、支援内容などが紹介されている。

県のウェブサイトからダウンロードできる。
問／子ども・家庭支援課
TEL022-211-2532

令和4年度
ひとり親家庭支援
ほっとブック
子育てをひとりで悩まないための本
宮城県

ひとり親家庭支援員 相談・問い合わせ先

事務所	電話（直通）	所在地
仙南保健福祉事務所	0224-53-3132	大河原町字南129-1
仙台保健福祉事務所	022-363-5507	塩釜市北浜4-8-15
北部保健福祉事務所	0229-91-0712	大崎市古川旭4-1-1
北部保健福祉事務所 栗原地域事務所	0228-22-2118	栗原市築館藤木5-1
東部保健福祉事務所 登米地域事務所	0220-22-6118	登米市迫町佐沼字西佐沼150-5
東部保健福祉事務所	0225-95-1431	石巻市あゆみ野5-7
気仙沼保健福祉事務所	0226-21-1356	気仙沼市東新城3-3-3

母子生活支援施設

母子生活支援施設は、さまざまな事情で子どもの養育が十分にできない場合、母親と子ども（18歳未満※）が一緒に入所できる施設。単に居室を提供するだけでなく、母子指導員や少年指導員らが母親の自立を援助し、子どもが健やかに育つよう指導に当たる。
入所対象／配偶者のいない女性、またはこれに準ずる事情にある女性で、その養育している児童（18歳未満※）の福祉に欠けるところがあると認

仙台文学館

開館時間／9:00〜17:00（展示室への入室は16:30まで）
休館日／月曜日（休日は開館）、休日の翌日（休日は開館）、第4木曜日（12月を除く）、年末年始（12月28日〜1月4日）
仙台市青葉区北根2-7-1 TEL022-271-3020
https://www.sendai-lit.jp

宮城県図書館

開館時間／火曜日から土曜日　午前9時〜午後7時
　　　　　日曜日・祝（休）日　午前9時〜午後5時
　　　　　子ども図書室　午前9時〜午後5時
　　　　　児童資料研究・相談室／水曜日〜土曜日
　　　　　　　　　　　　　　　午前9時〜午後5時
　　　子ども映画会・おはなし会等開催
休館日／月曜日
　　　　月曜日が祝日・休日にあたるときは開館し、その翌日が休館日です。

詳しくはHPをご覧ください　https://www.library.pref.miyagi.jp/
仙台市泉区紫山1-1-1 TEL022-377-8441 FAX022-377-8484

められる場合
支援内容／居室の提供、母子指導員や少年指導員による生活支援など
費用／収入に応じて入所に係る経費を一部負担
※特別な事情がある場合、満20歳に達するまで利用可

問い合わせは県の各保健福祉事務所（地域事務所）、または各市の福祉事務所（福祉担当課）へ。

施設一覧

施設名
宮城県さくらハイツ
栗原市ファミリーホームひだまり
仙台つばさ荘
仙台むつみ荘

東日本大震災 みやぎこども育英募金

東日本大震災の被災地では子どもたちを取り巻く環境が激変し、中でも震災により保護者を亡くした世帯では、子どもが進学するにつれて金銭的な面から就学が困難になるケースが多い。このように子どもたちを巡る課題や情勢は時間とともに変化しており、今後も中長期的な支援が必要だ。

県では全ての子どもたちが困難を乗り越え健やかに育っていけるよう、寄付金を基金として積み立て、子どもたちの支援に活用している。2022年11月30日現在で2万1228件計125億2532万8672円の寄付があった。寄付金は未就学児には支援金として、小学生から大学生等までは給付型奨学金として、月額金および入学・卒業時の一時金支給に充て、長期的かつ継続的な支援を行っている。

支援金も奨学金も県内に住み生計を一としていた保護者（父、母もしくはこれらに類する人）が震災により、死亡か行方不明になっている未就学児（震災時に胎児も含む）から大学生等までが対象だ。支給額と対象者数はそれぞれ表1と表2の通りだ。

奨学金は原則として他団体の貸与型、給付型の奨学金等との併給が可能。ただし他の都道府県（主に岩手県、福島県）が行う同種の給付型奨学金との併給は認められない。県内の一部の市で同種の奨学金の給付が行われているが、それらの奨学金との併給は可能だ。

2022年3月31日現在で、申請のあった1091人（震災時大学生を含む）に総額30億9020万円を給付した。県では震災時に生まれた子どもたちが大学等を卒業するまで給付を継続していく。

遺児等サポート奨学金

2019年4月に始まった奨学金制度で、病気や事故など（東日本大震災以外の要因）により保護者を亡くした小中学生が、安定した学校生活を送り希望する進路を選択できるよう奨学金を給付する。

対象は県内の小学校、中学校、義務教育学校、中等教育学校の前期課程ならびに特別支援学校の小学部および中学部に在籍し、保護者（父、母もしくはこれらに類する人）を震災以外の要因で亡くした児童・生徒。ただし保護者の死亡後、再婚（事実婚を含む）、保護者以外と児童・生徒との養子縁組などで、亡くなった保護者に代わる者がいる場合は対象外。

問／県教育庁総務課 TEL022-211-3613

奨学金の種類と金額

種類	金額
月額金	1万円
小学校卒業時一時金	15万円
中学校卒業時一時金	20万円

母子父子寡婦 福祉資金貸付金

ひとり親家庭や寡婦の経済的自立と生活の安定、扶養している児童の福祉増進を図るため、無利子または低利で資金の貸し付けを行っている。

対象者
①配偶者のいない者で20歳未満の児童を扶養している者（母子家庭の母、父子家庭の父）
②寡婦（かつて母子家庭の母だった方）
③父母のいない児童
④配偶者のいない者が扶養する児童

表1 支給額

	未就学児	小学生	中学生	高校生等	大学生等
月額金	1万円	3万円	4万円	5万円	自宅通学 6万円 自宅外通学10万円
一時金	●小学校入学時に10万円 ●小学校卒業時に15万円 ●中学校卒業時に20万円 ●高校等卒業時に60万円				

※2019年4月から奨学金の月額金が増額された
※2019年4月の月額金から大学院生も対象になった
※2019年4月の月額金から大学生等に自宅通学・自宅外通学の区分が設けられた

表2 対象者数

	支援金	奨学金					合計
	未就学児	小学生	中学生	高校生	大学生等		
人数	230	367	234	254	26		1111

（2022年3月31日現在）
※学年は震災時のものであり、現時点での学年ではない

水の森公園キャンプ場

仙台市泉区上谷刈字堤下8
ご予約・お問合せTEL022-773-0496
駐　車　場／103台（無料／入庫時間:6時～19時）
予約受付時間／9時30分～16時30分
休　場　日／12月1日～2月28日

詳しくはホームページ ［水の森公園キャンプ場］ ［検索］

シェルコムせんだい
（仙台市屋内グラウンド）

開館時間
6:00～22:00（4月1日～11月30日）
9:00～22:00（12月1日～3月31日）

休館日
年末年始（12月28日～1月4日）
月1回点検日（不定期）

利用可能種目
野球（軟式）1面、ソフトボール1面、テニス6面、サッカー1面、フットサル2面、その他ゲートボール、運動会、各種集会、ニュースポーツ等にも利用可能

仙台市泉区野村字新桂島前48 TEL022-218-5656 FAX022-776-1090
http://www.spf-sendai.jp/shellcom/

⑤40歳以上の配偶者のいない女性で児童を扶養していない方
⑥母子・父子福祉団体

資金種別（用途）や貸付限度額、貸付期間、償還期間が決まっていて、審査の上での貸し付けとなる。資金種別（用途）や貸付限度額などについては県ウェブサイトの「母子父子寡婦福祉資金貸付金について」で確認できる。一部貸付金を除き連帯保証人を立てなくても申請はできるが、ケースによっては必要となる。

申請から貸し付け決定までには審査など一定の期間を要するので、希望者は県の保健福祉事務所（地域事務所）の母子・障害担当班に早目に相談を（仙台市民は各区役所）。

ひとり親家庭の高等職業訓練促進給付金・貸付金

一定の専門的な資格を取得するために母子家庭の母、父子家庭の父が1年以上（2022年度においては6カ月以上）養成機関で修業する場合、その一定期間について高等職業訓練促進給付金（訓練促進給付金）を支給するとともに、訓練終了後に高等職業訓練修了支援給付金（修了支援給付金）を支給する。

対象者
県内（仙台市を除く）在住の母子家庭の母または父子家庭の父で次の要件を全て満たす人
①児童扶養手当の支給を受けているか、同等の所得水準にあること
②養成機関において1年以上（2022年度にお

いては6カ月以上）のカリキュラムを修業し、対象資格の取得が見込まれる者などであること
③就業または育児と修業の両立が困難であると認められる者であること
④原則として、過去に訓練促進給付金または修了支援給付金それぞれの支給を受けていないこと

対象資格
・看護師 ・准看護師 ・介護福祉士 ・保育士 ・理学療法士 ・作業療法士 ・理容師 ・美容師 ・鍼灸師 ・歯科衛生士 ・社会福祉士 ・製菓衛生師 ・調理師 ・シスコシステムズ認定資格 ・LPI認定資格 など

対象期間
①訓練促進給付金は修業期間（カリキュラム期間）の全期間（上限4年）が支給対象期間
②修了支援給付金は養成機関の修了日を経過した日以後に支給

居住地が市の場合は市の母子福祉担当課、町村の場合は居住地を管轄する県保健福祉事務所（地域事務所）に申請を。また、訓練促進給付金を活用して養成機関に在学し、就職に有利な資格の取得を目指すひとり親家庭の親に対し、入学準備金・就職準備金を貸し付ける「高等職業訓練促進資金貸付金」もある。一定の条件を満たせば貸付金の返還が免除となる。

給付金についての問い合わせは県の各保健福祉事務所（地域事務所）、または各市の福祉事務所（福祉担当課）へ。

貸付金についての問い合わせは県社会福祉協議会（TEL022-399-8844）へ。

ひとり親家庭の自立支援教育訓練給付金

母子家庭の母、父子家庭の父が就職のために一定の教育訓練を受講した場合、その費用の一部を支給することにより、ひとり親家庭の自立の促進を図ることを目的としている。

対象者
県内（仙台市を除く）在住の母子家庭の母または父子家庭の父で、次の要件を全て満たす人（市によって実施していない場合あり）。
①児童扶養手当の支給を受けているか、また

は同等の所得水準にあること
②当該教育訓練を受けることが適職に就くために必要であると認められること
③原則として、過去に自立支援教育訓練給付金などの教育訓練給付を受けていないこと

対象講座
①雇用保険制度の教育訓練給付の指定教育訓練講座
受講する講座の教育訓練機関に問い合わせるか、最寄りのハローワークでも閲覧できる。
②他に知事が必要と認める講座

支給額
対象講座の受講のために本人が支払った費用の60%に相当する額で20万円が上限。ただし、専門実践教育訓練給付金の指定講座の場合は、修学年数×40万円となり、上限は160万円。1万2000円を超えない場合は支給されない。また雇用保険法による一般教育訓練給付金または特定一般教育訓練給付金もしくは専門実践教育訓練給付金の支給を受けた人は、当該教育訓練給付金との差額を支給する。

申請方法
受講を始める前に、居住地が市の場合は市の母子福祉担当課、町村の場合は居住地を管轄する県保健福祉事務所（地域事務所）に相談した上で、対象講座の指定申請を行う。

問い合わせは県の各保健福祉事務所（地域事務所）、または各市の福祉事務所（福祉担当課）へ。

支給額など

訓練促進給付金	市町村民税非課税世帯	月額10万円※
	市町村民税課税世帯	月額7万500円※
修了支援給付金	市町村民税非課税世帯	5万円
	市町村民税課税世帯	2万5000円

※修業期間の最後の12カ月間は4万円が増額される
※非課税世帯とは、対象者と住所を同一としている方全員が市町村民税非課税である必要がある

七北田公園

仙台市泉区七北田字赤生津4
問／七北田公園都市緑化ホール　TEL022-375-9911
開（都市緑化ホール）／9:00〜16:30
休（都市緑化ホール）／月曜（祝日の場合は開館、翌日休館）、年末年始（12月28日〜1月4日）

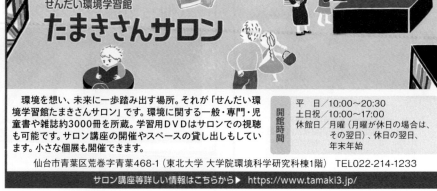

せんだい環境学習館 たまきさんサロン

環境を想い、未来に一歩踏み出す場所。それが「せんだい環境学習館たまきさんサロン」です。環境に関する一般・専門・児童書や雑誌約3000冊を所蔵。学習用DVDはサロンでの視聴も可能です。サロン講座の開催やスペースの貸し出しもしています。小さな個展も開催できます。

仙台市青葉区荒巻字青葉468-1（東北大学 大学院環境科学研究科棟1階）　TEL022-214-1233

| 開館時間 | 平 日／10:00〜20:30
土日祝／10:00〜17:00
休館日／月曜（月曜が休日の場合は、その翌日）、休日の翌日、年末年始 |

サロン講座等詳しい情報はこちらから▶ https://www.tamaki3.jp/

児童福祉施設・
その他問い合わせ窓口

児童福祉法に基づく施設で、さまざまな種類の施設があるが、いずれも児童の福祉の向上を図ることを目的としている。

種別	内容	県内施設	所在地	電話
助産施設	保健上必要があるにもかかわらず、経済的理由により入院助産を受けることができない妊産婦を入所させて助産を受けさせる施設	県内各地にあります。詳細はウェブサイトをご覧ください https://www.pref.miyagi.jp/soshiki/kodomo/josan.html		
乳児院	棄児、父母の死亡、未婚の母または保護者に監護されることが不適当な乳幼児をおおむね2歳に達するまで養育する施設	丘の家乳幼児ホーム	仙台市青葉区小松島新堤7-1	022-233-3202
		宮城県済生会乳児院	仙台市宮城野区東仙台6-1-1	022-293-1281
保育所	保育を必要とする乳児・幼児を日々保護者の下から通わせて保育を行うことを目的とする施設	県内各地にあります		お住まいの市町村へ
児童厚生施設	広く一般児童のために健全な遊びを与えて、その健康を増進し情操を豊かにする施設。児童館（児童センター）、児童遊園など	県内各地にあります		お住まいの市町村へ
児童養護施設	家庭環境に恵まれない児童を入所させて、心身ともに健やかに育成する施設	丘の家子どもホーム	仙台市青葉区小松島新堤7-1	022-234-6303
		仙台天使園	仙台市太白区茂庭台4-1-30	022-281-5181
		ラ・サール・ホーム	仙台市宮城野区東仙台6-12-2	022-257-3801
		小百合園	仙台市宮城野区枡江1-2	022-257-3898
		旭が丘学園	気仙沼市舘山2-2-32	0226-22-0135
児童心理治療施設	家庭や学校での人間関係が原因となって、心理的に不安定な状態に陥ることにより、社会生活が困難になっている児童が短期間入所または通所し、心理面からの治療および指導を受ける施設	小松島子どもの家	仙台市青葉区小松島新堤7-1	022-233-1755
児童自立支援施設	不良行為をなし、またはなすおそれのある児童および家庭環境等により生活指導などを要する児童を入所させ、個々の児童の状況に応じて、必要な指導を行い支援する施設	宮城県さわらび学園	仙台市太白区旗立2-4-1	022-245-0333
福祉型障害児入所支援施設	知的障害を持つ児童が、入所により保護および独立生活に必要な知識技能の供与を受けることができる施設	宮城県啓佑学園	仙台市泉区南中山5-2-1	022-379-5001
医療型障害児入所支援施設	18歳未満の肢体不自由のある児童が入所して治療を受けるとともに、独立自活に必要な知識・技能を習得するための指導や援助を受けることを目的とする施設	宮城県立拓桃園	仙台市青葉区落合4-3-17	022-391-5111
		仙台エコー医療療育センター	仙台市青葉区芋沢字横前1-1	022-394-7711
		独立行政法人国立病院機構西多賀病院（指定医療機関）	仙台市太白区鈎取2-11-11	022-245-2111
		独立行政法人国立病院機構宮城病院（指定医療機関）	山元町高瀬字合戦原100	0223-37-1131

DVや不妊・不育・妊娠・出産などに関する相談は下記の窓口でも受け付けている。

種別	内容	電話・サイト	
女性相談センター	女性の抱えるさまざまな悩みに対して相談や支援を行っている 日時／月～金曜8:30～17:00（祝日、年末年始を除く）	TEL022-256-0965 https://www.pref.miyagi.jp/soshiki/jyoseict/soudandenwa.html	
不妊・不育専門相談センター	専門の相談員が不妊や不育症に悩む方の相談を行っている 電話相談／水曜9:00～10:00 木曜15:00～17:00（いずれも祝日、年末年始など除く） 面接相談／電話相談の上、予約必要	TEL022-728-5225 https://www.pref.miyagi.jp/soshiki/kodomo/huninsoudan.html	
助産師による妊産婦電話相談	助産師が妊娠・出産などに不安を抱える県内の妊産婦の電話相談を行っている 日時／月・水・金曜13:00～19:00（祝日、年末年始を除く）	TEL090-1060-2232 https://www.pref.miyagi.jp/soshiki/kodomo/ninnpusoudann.html	

西公園

西公園は、明治8年に開園した市内で最も歴史ある公園です。桜の名所として名高く、公園内の蒸気機関車・こけし塔・芭蕉句碑・著名作家の彫刻・仙台藩初代藩主伊達政宗公ゆかりの臥竜梅（保存樹木）など見所の多いところです。

園内には、明治20年創業の茶屋があり、仙台名物のずんだ餅・あん餅・ごま餅なども楽しめます。

東西線「大町西公園駅」下車すぐ
問／青葉区役所公園課　TEL022-225-7211

仙台市天文台

身近な宇宙から遠くの宇宙へ、宇宙の広がりを体感できるよう、「地球」「太陽系」「銀河系」など分野別にエリアを分けて展示。解説パネルや模型、CG映像、体験コーナーなどで、天文の世界を直感的に楽しく探求できます。スタッフが1つのテーマで展示物をご案内する「展示ツアー」も定期的に開催しています。展示室では、2021年3月に日本天文遺産に認定された「仙台藩天文学器機」を常設展示しています。展示室観覧料は一般610円、高校生350円、小・中学生250円（各税込み）。

© 仙台市天文台

仙台市青葉区錦ケ丘9-29-32　開／9:00～17:00（土曜は21:30まで、展示室は17:00まで、最終入館は閉館30分前）
TEL022-391-1300　休／水曜、第3火曜（祝日の場合は開館、その翌平日休み）、年末年始

宮城県 こども医療 編

宮城県こども夜間 安心コール

夜間のお子さんの急な病気・けがで困ったら！
こども 夜間安心コール
#8000
プッシュ回線以外、PHSからは ☎ 022-212-9390
医療スタッフが受診の必要性や対処方法等を助言するほか、受診できる医療機関をご案内します。
毎日 午後7時から翌朝8時まで
対象 15歳未満のお子さんの保護者等
※お子さんのは状況に応じて医療機関へのかかり方のおおよその目安をまとめている「こどもの救急ガイドブック」もご活用ください
宮城県

　夜間、子どもが急な病気になったとき、けがをしたときに医療相談ができる電話相談ダイヤルを開設し、症状に応じた対応への助言や医療機関案内などを行っている。
・相談時間／毎日19：00〜翌朝8：00
・相談対象者／おおむね15歳までの子どもの保護者など
・対応内容／子どもの急な病気やけがへの応急方法に関する助言など
・相談対応者／看護師
・相談電話番号／
#8000（プッシュ回線の固定電話、携帯電話用）
TEL022-212-9390（プッシュ回線以外の固定電話、PHSなど用）
※相談はあくまでも助言であり、診療ではない
問／医療政策課 TEL022-211-2622

みやぎけんこどもの 救急ガイドブック

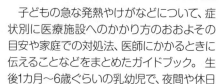

　子どもの急な発熱やけがなどについて、症状別に医療施設へのかかり方のおおよその目安や家庭での対処法、医師にかかるときに伝えることなどをまとめたガイドブック。生後1カ月〜6歳ぐらいの乳幼児で、夜間や休日

みやぎけん 第2版
こどもの 救急 ガイドブック
発行 宮城県

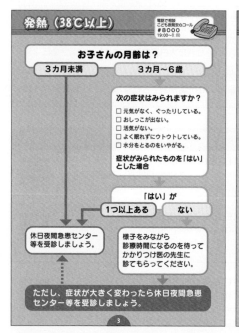

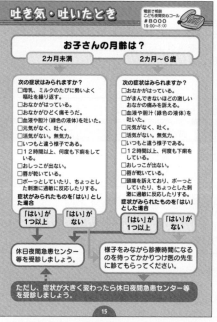

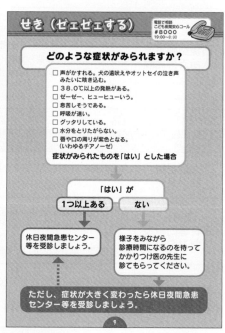

仙台市産後ケア事業 実施施設
仙台ソレイユ母子クリニック
産婦人科（生殖医療）
ソレイユオリジナル産後ケア「リュッカフィーカ」

特定不妊治療費助成指定医療機関
院長／村川 晴生

住所／仙台市太白区大野田4丁目31-3
TEL022-248-5001

の急病を想定している。

症状別に○発熱（38℃以上）○新型インフルエンザ ○けいれん・ふるえ ○せき（ゼェゼェする）○腹痛・便秘 ○下痢 ○吐き気・吐いたとき ○誤飲（変なものを飲み込んだ）○やけど ○頭を打った といったページに分かれている。

症状・状態に応じたフローチャート方式で、例えば夜間・休日に今すぐ受診した方がいいのか、それとも様子を見ながら診療時間になるのを待ち、かかりつけ医に診てもらう方がいいのか、判断の目安になる。

もちろん家庭での対処法や医師に伝える際のポイントなども紹介し、日頃から目を通すことでいざというときでも慌てず、確実な対応につながりそうだ。ガイドブックは県ウェブサイトからダウンロードできる。
問／医療政策課 TEL022-211-2622

在宅当番医制と休日・夜間急患センター

休日や夜間には地域の診療所などが当番で治療を行っている。また、県内では5カ所の休日・夜間急患センターが小児急患を診療している。地域ごとに診療所などの当番日や診療時間が異なるので、新聞や市町村の広報紙、県のウェブサイトなどで確認しよう。

みやぎのお医者さんガイド

県では、医療を受ける人が医療機関の選択を適切に行うことに役立ててもらおうと、県内の医療機関の情報を「みやぎのお医者さんガイド」としてウェブサイトで公開している。
「○○市の☆☆診療科を知りたい」「今この時間に診療している医療機関を調べたい」「□□病院の院内サービスや費用負担、医療の実績を知りたい」「24時間往診可能な医療機関は?」といった調べたい条件に合わせ、県内の医療機関を簡単に検索できる。

トップページには「医療機関基本検索」「急な症状や困った時」「いろいろな条件で探す」があり、それぞれさらに検索項目が細分化。「急な症状や困った時」の検索項目には「こどもの病気」があり、診療科として小児科や小児外科を掲げる医療機関が検索できる。追加検索項目として市区町村指定もできるので、必要とするエリアの医療機関に絞ることも可能だ。また「地図から探す」の検索項目からもエリアを絞って調べられる。

検索の結果、医療機関の名称、電話番号、診療時間、ウェブサイトの有無、特記事項が分かる。

休日・夜間急患センター

名称・所在地	電話番号	小児科の診療受付日時
仙台市北部急患診療所 仙台市青葉区堤町1-1-2（エムズ北仙台2階）	022-301-6611	金　曜19:15〜23:00 土　曜18:00〜23:00 日曜・祝日 9:45〜23:00
仙台市夜間休日こども急病診療所 仙台市太白区あすと長町1-1-1（仙台市立病院1階）	022-247-7035	平　日19:15〜翌7:00 土　曜14:45〜翌7:00 日曜・祝日 9:45〜翌7:00
名取市休日夜間急患センター 名取市下余田字鹿島74-3	022-384-0001	土　曜18:00〜21:00 （12月〜3月） 日曜・祝日 9:00〜16:30
塩釜地区休日急患診療センター 塩釜市錦町7-10	022-366-0630	土　曜18:30〜21:30 日曜・祝日 8:45〜16:30
石巻市夜間急患センター 石巻市蛇田字西道下71	0225-94-5111	平　日19:00〜22:00 土　曜18:00〜翌7:00 日曜・祝日18:00〜翌6:00 （翌日が祝日の場合は翌7:00まで）

※診療時間には昼休みなどの時間帯が含まれているので、各医療機関に確認を

パパ、ママになる日。
ハートと医療でお応えします。

桂高森S•Sレディースクリニック

外来診療時間	月	火	水	木	金	土
9:00〜12:00	●	●	●	●	●	●
14:00〜17:00	●	●	●	●	●	

仙台市泉区高森1丁目1-194
http://www.ktlc.jp/
TEL:022-777-1020
FAX:022-777-1030
予約制

みちよレディースクリニック
Michiyo Ladies' Clinic

診療時間	月	火	水	木	金	土
9:00〜12:30	●	●	―	●	●	●
14:00〜17:00	●	18:00まで	―	●	●	●

院長 倉片 三千代
産婦人科専門医

仙台市泉区高森1丁目1-287
TEL022-378-0511

土曜・日曜も診療

大腸肛門科
仙台桃太郎クリニック
SENDAI MOMOTARO CLINIC

院長　木村　光宏
副院長　阿部　忠義
医師　二科オリエ

日本大腸肛門病学会認定
大腸肛門病専門医2名在籍

受付時間
平日／9:00〜11:30・14:00〜17:30
土日／9:00〜11:30・14:00〜16:00
休診日…水曜・祝日
web再診予約システムもございます。

〒981-3101 仙台市泉区明石南6-13-3
TEL.022-771-5155
https://www.senmomo.jp

子どもはもちろん、大人の急病時にも気軽に活用できそうだ。アドレスはhttps://miyagioishasan.pref.miyagi.jp

問／医療政策課 TEL022-211-2614

東北大学病院

宮城県立こども病院

○ 子どもメンタルクリニック

子どもメンタルクリニックの待合室

「まなウェルみやぎ」にある宮城県子ども総合センターでは「子どもメンタルクリニック」を開設し、児童精神科外来診療を行っている。原則として中学3年生までが対象で、診療日は月～金曜（土・日曜、祝日、年末年始は休診）で完全予約制。大崎、石巻、気仙沼でも出張診療を行っており、いずれも保険診療だ。

また、診療の一環として、小・中学生を対象に「子どもデイケア」（児童思春期精神科デイケア）も開設している。

問／子ども総合センター
　　TEL022-784-3576

○ 宮城県アレルギー疾患医療拠点病院

アレルギー疾患は乳児期から高齢者まで、国民の約2人に1人が罹患（りかん）しているといわれ、患者数は近年増加傾向にあり、大きな問題となっている。県ではアレルギー疾患を有する人が、住んでいる地域にかかわらず、等しく適切な医療を受けられるよう、アレルギー疾患対策の中心的な役割を担う「宮城県アレルギー疾患医療拠点病院」を2018年8月1日に指定した。

拠点病院

国立大学法人東北大学 東北大学病院（仙台市青葉区）
地方独立行政法人 宮城県立こども病院（仙台市青葉区）

拠点病院の役割

①重症および難治性アレルギー疾患の正確な診断・治療・管理
②患者やその家族、地域住民に対する講習会の開催や適切な情報の提供
③医療従事者等に対する人材育成
④アレルギー疾患の実情を継続的に把握するための調査・分析
⑤学校・児童福祉施設等におけるアレルギー疾患対応への助言・支援

問／疾病・感染症対策課
　　TEL022-211-2465

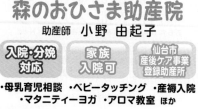

緑と光にあふれた助産院

森のおひさま助産院

助産師　小野 由起子

| 入院・分娩対応 | 家族入院可 | 仙台市産後ケア事業登録助産所 |

・母乳育児相談　・ベビータッチング　・産褥入院
・マタニティーヨガ　・アロマ教室 ほか

健診や相談は完全予約制のためお待たせすることはありません！ 立会出産も可能です！

仙台市青葉区高野原4-12-18 P8台有り
TEL022-394-7508 FAX394-7686
受付時間／9:00～17:00 休／火曜

http://www.mori-ohisama.com/

産科・婦人科
メリーレディースクリニック

仙台市青葉区落合6-1-4
Tel.022-391-0315
http://www.mary-lc.jp/

入院設備有　駐車場完備

歯科

百合デンタルクリニック
YURI DENTAL CLINIC

院長　花岡 百合江

診療時間	月	火	水	木	金	土	日・祝
9:30～12:30	●	●	―	●	●	●	―
14:00～19:00	●	●	―	●	●	●	―

仙台市青葉区栗生4-13-15
TEL022-391-7280

ホームページ
http://www.yuri-dental.net/

まずは家族の観察と判断 「これは」と思ったら素早く病院へ

子どもも大人もかかる病気があれば、子どもならではの疾患もある。加えて体や心の発達、思わぬけがなど、子どもが医療機関の世話になる機会は思いのほか多い。

特に乳幼児期は話すことができなかったり、まだ会話が片言だったりと自分の不調を具体的に訴えることができない。年齢が低いほど身体の抵抗力が弱く、病態が急変する可能性も高い。

家族の観察と判断が何よりも重要だ。分かりやすく、かつ、ありがちな症状としては熱、嘔吐（おうと）、衰弱、けいれんなどがある。症状は単独なのか、それとも複合的か、程度はどれくらいかなどを目安にしよう。呼吸の状態も要チェック。

全身状態チェック 早めに日中受診も

熱の場合、子どもは平熱が高く個人差もあるので、熱が高いからといって必ずしも重篤な状態ではないケースが多い。しかし、全身状態が普段と明らかに異なる場合は受診した方がいい。

感染性の疾患で、子どもの夜間や休日の受診が多いのも事実。症状悪化に先立ち「なんか、だるそう」など、軽い症状が先に出ていることもある。ある程度様子を見ても改善する気配がなさそうなら、むしろ日中の受診がお勧めだ。

何度も吐いたり、衰弱して目の周りがくぼんでいたり、または呼吸が変、けいれんしているといった症状が見られるときは、急いで受診。病気によるものではなく、頭や胸の打撲が原因の場合がある。

発熱時に現れやすい 熱性けいれんとは

乳幼児期（生後6カ月～5歳ぐらい）に起こりやすい症状の一つに、熱性けいれんがある。1歳前後が発熱時（38度以上）に引き

起こしやすく、子どものけいれんの中で最も多いとされる。原因は不明だが、遺伝的要因（親がかかったことがある）や発育途中の脳に熱が加わったことで異常を引き起こすのではないかとみられる。

インフルエンザや突発性発疹症などにかかったときに発症リスクが高まり、発熱後24時間以内にけいれんを引き起こすのがほとんど。嘔吐や下痢はないという。通常は5分程度で収まるが、10分以上継続したり、一日に何度か繰り返したりすることもあり、このような場合は重篤だ。髄膜炎や脳炎といった可能性もあるので、まずはけいれん初期の状態を観察した上で、すぐに収まる気配がなければ救急車の要請を。

「子どもの総合医」に まずは診てもらおう

子どもが特にお世話になりやすい診療科は、小児科、耳鼻咽喉科、皮膚科など。中でも小児科は「子どもの総合医」で新生児から中学3年生（15歳）までが対象。少子化や激務などを背景に、近年、特に地方での小児科医の減少が懸念されている。

耳鼻科は中耳炎などで、皮膚科はアトピー性皮膚炎などでお世話になりやすい。ほかにも目の病気や視力の問題で眼科、けがで外科にかかることもある。一般的な病気の場合、まずは総合医の小児科に診てもらおう。より高度な診察が必要なときは専門の診療科を紹介してくれる。

近年は医療の専門化や高度化が進み、診療科ごとの独自性が以前にも増して高まった一方、地域連携医療が図られている。歯科分野にも「小児歯科」があり、専門性を高めている。

自宅最寄りの小児科医院はもちろん、子どもの病気（特に持病や慢性疾患）に応じた診療科の医院がどこにあるのかなど、日頃から把握しておくことが大切だ。

「かかりつけ医」は大切 ぜひ見つけよう

子どもだけではなく、大人にもいえることだが「かかりつけ医」を見つけよう。特に子どもは、診察という折々のタイミングで、病気そのものはもちろん成長や発達、生活環境の変化も見渡してもらえる。

かかりつけ医は、子どもの体質や病歴などを把握しているので、継続的でより的確な診察が期待できる。子どもの場合、年齢や成長過程でかかりやすい病気があり、合併症や後遺症を引き起こすケースもある。

そんなとき、かかりつけ医が子どもの成長や発達、体質などを踏まえて全体を見渡せるのは、診察の幅が広がることを意味する。親にとっても気軽に相談できる、かかりつけ医がいるのは大きな安心につながる。

目のお悩み、ご相談は

山本眼科医院

院長　一迫　理恵　日本眼科学会認定専門医

診察時間	月	火	水	木	金	土	日
9:00～13:00	○	○	○	休診	○	○	休診
14:00～17:00	○	○	○	休診	○	休診	休診

受付は新患30分前、再来は15分前までです

山本眼科医院 検索

P 8台分あり

仙台市青葉区宮町4丁目6-24

TEL022-222-1629

小児科・アレルギー科

医療法人啓恵会

花水 こどもクリニック

医療面から全面的に子育てを支援します!!

診療時間		月	火	水	木	金	土
午前診療	9:00～12:00	○	○	○	○	○	○
予防接種・健診	13:30～15:30	○	○	休	○	○	休
午後診療	15:30～17:45	○	○	休	○	○	休

●予防接種と乳幼児健診は予約制です。

インターネット診療予約を受付けております
https://www.hanamizu-kodomo.jp/
仙台市太白区泉崎1-32-15　TEL022-743-2525

一般歯科・小児歯科・歯科口腔外科

高砂歯科クリニック

お子様からご年配の方まで

診療時間	月	火	水	木	金	土	日・祝
9:30～13:00	●	●	●	▲	●	9:00～13:00	/
14:30～19:00	●	●	●	▲	●	14:00～16:00	/

▲=祝日のある週は診療　休診日=木曜、日曜、祝日
受付は診療時間の30分前までとなります

仙台市宮城野区福室2-6-24

☎022-259-7711

陸前高砂駅前
仙台医療館3F

もしも…のときのために知っておきませんか?

こどもと家族の安心未来を考える

公的保険アドバイザーによる
［遺族年金セミナー］

子育て世代の皆さまのためのセミナーです

あなたが一家の生計を支えている方であるならば、万が一のことが起きた際に残されたご家族はこれまでと同じ生活、夢や希望は実現できるでしょうか。

漠然とした不安を感じても、今考えても仕方ないと先延ばしにしてしまう方も多いでしょう。でも、万が一の場合に頼れるものと備えておくべきものを理解し、準備しておくことで将来の不安の種を小さくしてくれるはずです。

「遺族年金」という言葉はご存じでしょうか。国民年金または厚生年金に加入している方が亡くなった時、その方が生計を維持していた遺族に対して支払われる年金です。そんなこと考えたくないと思う方も少なくないでしょう。でも、働き手が亡くなった場合のシミュレーションは必要なことで、遺族が受け取ることができる年金のしくみや年金額を学ぶことによって、不足額に対する自助準備のしかたや民間保険の利用法が習得できます。

セミナーでは「ねんきん定期便」を資料に、共助である遺族年金のしくみや給付金額について丁寧に説明します。また、自助としての民間保険の適切な利用のしかたを公的保険アドバイザー協会会員が分かりやすく丁寧にお教えいたします。

●遺族年金額の試算

凡例: 遺族厚生年金 / 遺族基礎年金 / 中高齢寡婦加算 / 子の加算

22.5 万円			
22.5 万円			
78.1 万円	58.6 万円		
51.6 万円			
174.7 万円	**152.2 万円**	**110.2 万円**	**51.6 万円**
本人死亡	第1子18歳年度末	第2子18歳年度末	配偶者65歳

※ ねんきん定期便なしで試算した際は、遺族厚生年金は表示できません。
※ 配偶者・子がいない場合、生計を維持されていた55歳以上の父母・祖父母がいる場合のみ60歳から遺族厚生年金が支給されます。
※ 一定の条件のもとに算出した概算値のため、実際の受給額と異なる可能性があります。公的保障は受給資格などの条件がありますので、最新かつ正確な情報は日本年金機構等でご確認ください。

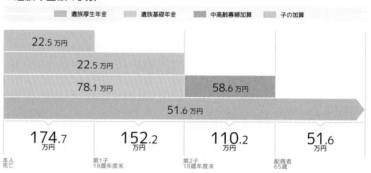

保険って何?

ねんきん定期便の見方がわからない

万が一のことを考えたことがない

保険加入時に必要保障額を計算していない

公的年金制度の仕組みから教えて

誰に聞いたらいいかもわからなかった疑問の答えが見つかります。

グループ・団体での受講の場合、出張セミナーも承ります。お電話でお気軽にご相談ください。

セミナーの主な内容

Chapter 1.
公的保険と民間保険の役割
Chapter 2.
公的年金制度の概要と遺族年金のしくみ
Chapter 3.
必要保障の考え方
Chapter 4.
民間保険の正しい利用法

参加されたお客様の声

40代女性

とても分かり易くて、あっという間に時間が過ぎました。ポイントをまず説明してもらえるので、聞いていて飽きることがありませんでした。基礎年金の意味や、老齢厚生年金の違いなどの資料が興味深かったです。

20代男性

いつも、モヤモヤしながら民間の保険に加入していました。公助と自助の理解と見える化で無駄なく保険選びが出来るんですね。

30代女性

特に遺族年金が知りたいと思って受講したわけではなかったのですが、非常に勉強になりました。受講してよかったです。まずは知ることが大切だと感じました。

セミナーの詳しい内容や日程などは

お問合せ・お申込みは

一般社団法人
Life Plan Education

〒983-0852 仙台市宮城野区榴岡4-13-1 サン・アドバンスビル7F
TEL090-2883-0504 Email seminar.n.y@gmail.com
★特定商品の紹介などはございません。安心してご参加ください。

誰もが不安のない充実した人生を送りたいと考えています。未来の安心を実現するためには、公助である社会保障制度を理解することや自助努力を学習することが、とても大切なことです。しかし、「公的年金制度」は国の制度なのに、教えてくれるところは少ないのが現実です。「Life Plan Education」はセミナーを通して「安心未来な生活設計」を描くお手伝いをしています。ぜひ、私たちと一緒に安心未来のための一歩を踏み出しましょう。

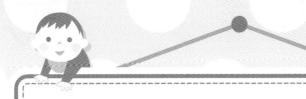

仙台エリア

子育て行政サービス

未来を担う子どもたちが
すこやかに育つまち仙台

仙台市

〒980-8671
仙台市青葉区国分町3-7-1
TEL022-261-1111
人　口／109万9547人
世帯数／54万230世帯
面　積／786.35平方㌔
（2022年11月1日現在）

のびすく仙台キャラクター
いくぞう

【主な子育て関連部署】
- 子供未来局総務課・子供家庭保健課・子供支援給付課・児童クラブ事業推進課・運営支援課・幼保企画課・認定給付課
TEL022-261-1111㈹
- 子供未来局
子供相談支援センター
TEL022-214-8602
- 子供未来局児童相談所
TEL022-219-5111

【夜間休日診療所】
- 北部急患診療所
（内科、小児科、外科）
TEL022-301-6611
- 夜間休日こども急病診療所
（小児科）
TEL022-247-7035

【留意事項】
新型コロナウイルスの感染拡大防止のため、一部閉館している施設や休止しているサービス、内容を変更している事業などがある。利用に当たっては各施設・事業の所管部署に事前に確認を。

相談窓口

●子育て何でも電話相談
授乳、離乳食、身体の発達、しつけといった子育てに関する相談に電話で応じる。市内在住で0歳〜小学校低学年の子どもをもつ保護者が対象。
相談時間／祝日、年末年始を除く月〜金曜
8:30〜17:00

窓口・問／子供未来局子供相談支援センター
TEL022-216-1152
●子育て何でも面接相談
授乳、離乳食、身体の発達、しつけといった子育てに関する相談に面接で応じ、家庭での子育てを支援する。相談の内容により継続して対応するとともに、必要に応じて専門機関を紹介する。市内在住の保護者が対象。
相談時間／祝日、年末年始を除く月〜金曜
8:30〜18:00
窓口・問／子供未来局子供相談支援センター
TEL022-214-8602
●青少年面接相談
学校生活、対人関係、精神的不安、不登校や引きこもりといった青少年自身や保護者の悩みに関する相談に面接で応じ、問題の整理や助言を行う。相談の内容により継続して対応するとともに、必要に応じて専門機関を紹介する。市内在住でおおむね20歳までの青少年やその保護者が対象。
相談時間／祝日、年末年始を除く月〜金曜
8:30〜18:00
窓口・問／子供未来局子供相談支援センター
TEL022-214-8602
●子どもメール相談
子育てに関する悩み、青少年の不安や悩み事について電子メールでの相談に応じる。市内在住の保護者、市内在住または市内の学校に通学している青少年と保護者が対象。
問／子供未来局子供相談支援センター
TEL022-214-8602

●親子こころの相談室
市内に住む18歳未満の子どもと保護者を対象に、家庭や保育場面・学校での子どもの行動面の心配、育児の不安などについて児童心理司、保健師が相談を受ける。必要に応じ

て嘱託医による相談や医療機関等についての情報提供も行う。予約制で費用は無料。
面接時間／祝日、年末年始を除く月〜金曜
8:30〜17:00
予約・問／子供未来局児童相談所相談指導課親子こころの相談室
TEL022-219-5220
●子供家庭総合相談
「子育てについて悩んでいる」「子どもの発育や発達について相談したい」「ひとり親家庭で困っている」「家庭内のことを誰に相談したらよいか分からない」など、子どもや家庭の保健と福祉に関しての相談に総合的に応じる。直接お住まいの区の区役所家庭健康課・青葉区宮城総合支所保健福祉課に来庁するか電話を。
相談時間／祝日、年末年始を除く月〜金曜
8:30〜17:00
窓口・問／
青葉区役所家庭健康課 TEL022-225-7211
青葉区宮城総合支所保健福祉課
TEL022-392-2111
宮城野区役所家庭健康課
TEL022-291-2111
若林区役所家庭健康課 TEL022-282-1111
太白区役所家庭健康課 TEL022-247-1111
泉区役所家庭健康課 TEL022-372-3111
●発達相談
発達について心配のある本人または家族の相談に応じる（要予約）。
相談時間／祝日、年末年始を除く月〜金曜
8:30〜17:00
窓口・問／仙台市北部発達相談支援センター
（青葉区・宮城野区・泉区在住の方）
TEL022-375-0110
仙台市南部発達相談支援センター
（若林区・太白区在住の方）
TEL022-247-3801

せんだいみやぎ 子ども・子育て相談

「面談では相談しにくい」「友達や家族には相談できない」など、子育て・家庭・親子関係などの悩みを持つ方が気軽に相談できるよう、LINE(ライン)を活用した相談窓口を開設している。仙台市内在住の子どもおよびその保護者などが対象。
相談時間／月〜土曜9:00〜20:00（年末年始を除く）
登録方法／二次元コードをLINEアプリで読み取り「せんだいみやぎ子ども・子育て相談」を友だち追加してご利用ください。

新生児誕生祝福事業「杜っ子のびすくプレゼント」

仙台市新生児誕生祝福事業
杜っ子のびすく
プレゼント

※事業内容は44ページを参照

子育て情報サイト「せんだいのびすくナビ」

仙台での子育てを応援する情報サイト。子育てに関するさまざまなサービス、施設情報、イベント情報などの行政情報のほか、子育て家庭に優しい取り組みを行う店舗や子どもの遊び場に関する情報も発信する。アプリ版では「カンタン母子手帳」として、お子さんの身長、体重はもちろん、写真などを記録することもできる。

iOS版

Android版

ウェブ版

「子育てタウン」をダウンロードし、仙台市内の郵便番号を設定すると、アプリ版「せんだいのびすくナビ」として利用できる。

「のびすくナビ」で検索
https://sendai-city.mamafre.jp/

●不登校・引きこもり等
　引きこもり傾向のある子どもの家庭を訪問し興味関心に合わせた活動を行い、外に目が向けられるよう支援。保護者の相談にも応じる。
活動曜日・時間／
月～金曜10:00～16:00（原則として週1回1～2時間程度の活動）
窓口・問／適応指導センター「児遊の杜」
　　　　　TEL022-773-4150

●教育相談
　児童生徒の学校生活における悩みや保護者の養育上の悩み、生徒指導上の諸問題についての相談に応じ、その解決・克服への援助を行う。来室または電話で相談を。
窓口・問／教育局教育相談室
　　　　　TEL022-214-0002

●特別支援教育に関する相談
　障害のある子どもの学びの場について、担当の指導主事が相談に応じる。
窓口・問／教育局特別支援教育課
　　　　　TEL022-214-8879

●非行・性格行動に関しての相談
　児童生徒の非行・性格行動に関して担当の指導主事が相談に応じる。

窓口・問／教育局教育相談課
　　　　　TEL022-214-8878

●養育・非行・性格行動・虐待に関する相談
　専門の相談員が対応。心理判定なども実施する。
窓口・問／子供未来局児童相談所
　　　　　TEL022-718-2580
　　　　　児童相談所虐待対応ダイヤル
　　　　　TEL189

●ヤングテレホン相談・ヤングケアラー相談
　学校生活、対人関係、精神的不安、不登校や引きこもり、ヤングケアラーなどの相談に、24時間365日電話で応じる。市内在住で小学校高学年～おおむね20歳までの青少年やその保護者が対象。
相談時間／24時間365日
窓口・問／子供未来局子供相談支援センター
　　　　　TEL0120-783-017

●「ふれあい広場」での居場所支援、就学・就労支援
　「学校に行けない」「学校に行っても安らげない」「日中の居場所がほしい」という青少年が、日常的に通所して活動できる居場所として「ふれあい広場」を設置し支援を行う。また、高校での学び直しや就労への意欲が高

まった通所者への就学・就労支援を行う。市内在住で小学校高学年～おおむね20歳までの青少年が対象。
活動曜日・時間／
祝日、年末年始を除く月～金曜9:30～16:00
窓口・問／子供未来局子供相談支援センター
　　　　　TEL022-214-8602

●子どものこころの相談室
　各区保健福祉センターで開設している。市内在住の18歳未満の子どもと保護者を対象に、こころのケアについて、児童精神科医や臨床心理士などの専門スタッフが相談に応じる。事前予約制。
窓口・問／青葉区役所家庭健康課
　　　　　TEL022-225-7211
　　　　　宮城野区役所家庭健康課
　　　　　TEL022-291-2111
　　　　　若林区役所家庭健康課
　　　　　TEL022-282-1111
　　　　　太白区役所家庭健康課
　　　　　TEL022-247-1111
　　　　　泉区役所家庭健康課
　　　　　TEL022-372-3111

●こころの相談
　年齢を問わず、こころの悩みについて相談担当職員（心理職、保健師、精神保健福祉士など）が相談に応じる。事前予約制。
窓口・問／精神保健福祉総合センター
　　　　　（はあとぽーと仙台）
　　　　　TEL022-265-2191

●ひとり親の相談
　ひとり親の方の生活全般の悩みなど、自立に向けた総合的な相談に応じる。
窓口・問／
仙台市母子家庭相談支援センター
TEL022-212-4322
祝日、休館日を除く火曜11:00～19:00、水～土曜9:00～17:00
仙台市父子家庭相談支援センター
TEL022-302-3663
祝日、年末年始を除く月～金曜18:00～20:00

3歳から6歳までの縦割りクラスの中で思いやりの心や、感謝する心が育ちます。

仙台白百合学園 幼稚園

モンテッソーリ教育、英語教育に力を入れています

仙台市泉区紫山一丁目2番1
TEL022-777-6777
http://kd.sendaishirayuri.net/

学校法人 木村学園
みやぎ幼稚園

●遊びと幼児体育
●楽しい英会話
●充実の預かり保育

げんきいっぱい　ゆめいっぱい

仙台市宮城野区幸町2-9-25　TEL022-291-1447
http://www.miyagikg.ed.jp/

のびやかに自分を表現する

造形活動を通じて個性を伸ばし、主体性・自己肯定感を育みます

ECOLE NOIR
エコールノワール幼稚園

仙台市若林区大和町1丁目17-25
TEL022-231-3175
エコールノワール幼稚園　検索

一時預かり

●保育所等の一時預かり

　仕事、傷病、冠婚葬祭といった私的理由などにより保護者が一時的に子どもの保育ができないとき、また就労などにより月64時間以上子どもの保育ができないときに、市内の保育所などで子どもを預かる。市内に居住し、原則として保育所などの入所の対象とならない健康な就学前の子どもが利用できる。
利用定員／1日当たりおおむね10人程度
保護者負担費用／
3歳未満児…日額2400円（半日利用の場合1200円）、3歳以上児…1200円（半日利用の場合600円）
※生活保護世帯および市民税非課税世帯は無料
※保護者負担分のほかに給食などをとった場合は日額300円を別途負担する
保育時間／日曜、祝日、年末年始などを除く7:30ごろ〜18:00ごろ（受け付けは8:30ごろ〜17:00ごろ）
※時間は保育所などにより異なる。詳しくは各保育所などに確認を
問／子供未来局幼保企画課
　　TEL022-214-8185

●保育所等の休日保育

　保護者が就労、傷病などにより、日曜、祝日などに保育を必要とするときに、保育所などで子どもを預かる。日曜、祝日などに保育を必要とする健康な就学前の子どもが利用できる。
保護者負担費用／
3歳未満児…日額3200円（半日利用の場合は1600円）、3歳以上児…1600円（半日利用の場合は800円）
※生活保護世帯および市民税非課税世帯のほか、2号または3号の保育認定を受けて保育所などを利用しており、平日に別途その施設を休む日を設けた場合は無料
※保護者負担分のほかにおやつ代として日額200円程度を別途負担する
保育時間／7:00〜18:00
問／子供未来局幼保企画課
　　TEL022-214-8185

●子育て支援ショートステイ

　病気やけが、家族の看護、冠婚葬祭、出張や超過勤務などで養育が一時的に困難になったとき、児童福祉施設で小学6年生までの子どもを預かる。（施設の状況により、お断りする場合あり）
利用期間／1回につき7日間まで、短期間に数回利用する場合は1カ月に10日以内
利用料金／1日当たり2歳未満児…5350円
　　　　　2歳以上児…2750円
※生活保護世帯・母子家庭・父子家庭・養育者家庭・市民税非課税世帯の方は利用料が軽減される
実施施設／乳児院（2歳未満）…宮城県済生会乳児院、丘の家乳児ホーム
　　　　　児童養護施設（2歳以上）…丘の家子どもホーム、ラ・サール・ホーム、仙台天使園、小百合園
問／青葉区役所家庭健康課
　　TEL022-225-7211
　　青葉区宮城総合支所保健福祉課
　　TEL022-392-2111
　　宮城野区役所家庭健康課
　　TEL022-291-2111
　　若林区役所家庭健康課
　　TEL022-282-1111
　　太白区役所家庭健康課
　　TEL022-247-1111
　　泉区役所家庭健康課
　　TEL022-372-3111

●病児・病後児保育

　当面病状の急変が認められない病気、または病気の回復期にあり、集団保育が困難な場合で保護者の勤務の都合などのため家庭で育児を行うことが困難な子どもを日中預かる。
利用対象／市内在住でおおむね生後6カ月から小学6年生までの子どもを養育している保護者
利用料金／1日当たり2000円（給食費、医療費、移送費など別途）
※生活保護受給世帯および市民税非課税世帯は、申請に基づき利用料金が減免される
申し込み方法など／実施施設に事前に登録が必要。施設により休業日などが異なる。詳しくは実施施設に確認を

実施施設（委託先）／
てらさわ小児科（杉の子ルーム）
仙台市青葉区中山2-26-20
TEL022-303-1519
宮城県済生会こどもクリニック
（こどもケアルーム）※
仙台市宮城野区東仙台6-1-1
TEL022-293-1285
すずき整形外科・小児科内科
仙台市太白区長町南3-35-1
TEL022-248-1665
こん小児科クリニック
〈komorebi（こもれび）保育室〉
仙台市泉区八乙女中央2-4-25
TEL022-725-7566
幼保連携型認定こども園
仙台保育園病児・病後児保育室「ぱんだ」
仙台市若林区南鍛冶町96-8
TEL022-395-7201
わくわくモリモリ保育所
仙台市青葉区五橋1-6-2 KJビル3階
TEL022-797-3981
※宮城県済生会こどもクリニックは富谷市内への移転に伴い、2023年3月末で委託契約終了予定
問／子供未来局幼保企画課
　　TEL022-214-8185

育児ヘルプサービス

　出産後の体調不良などにより家事や育児が困難な家庭にヘルパーを派遣し、食事の準備や後片付け、住居などの掃除、生活必需品の買い物などの家事や授乳、おむつ交換、沐浴（もくよく）介助といった育児の支援を行う。
利用できる家庭／
市内在住で出産後や体調不良などのため、家事や育児が困難な家庭および小児慢性特定疾病の認定を受けている児童がいる家庭
利用できる期間（回数）／
出産後1年以内の期間で通常20回以内（多胎児の場合は30回以内）。小児慢性特定疾病の認定を受けている児童がいる家庭の場合、初回利用日から1年以内

認定こども園
2023年4月開園
まつもりこども園
明るい陽射しが差し込む
広々とした新しい園舎で一緒に働きませんか?
保育スタッフ募集!
仙台市泉区松森中道10
みなみのひかり保育園
詳しくは TEL022-781-5288
✉yumepoke@outlook.jp

認定こども園
ひまわりこども園
豊かに「生きる力」を育てる
「創造性」「想像力」「自律性」「社会性」を育む
【長町南エリア】
仙台市太白区鹿野3丁目14-15
TEL022-308-3715

高さ五十五メートルの大滝 国指定名勝地の境内
秋保大滝不動尊
（東北三十六不動尊霊場・第二十九番札所）
親孝行の息子が祈り、お母さんの眼を治してもらいお堂を造った。
これからの本堂改修のため
浄財受付中
詳しくはWebで
仙台市太白区秋保町馬場字大滝11
TEL・FAX(022)399-2127

のびすく(子育てふれあいプラザ等)

「のびすく仙台」「のびすく宮城野」「のびすく若林」「のびすく長町南」「のびすく泉中央」の5館において、子育てを総合的に支援している。

対象／主に乳幼児とその家族
（のびすく泉中央4階は中学生や高校生、子育て支援者向け施設）

利用できるサービス／
●ひろば…乳幼児親子の交流スペース。遊び場、飲食スペース、授乳室、情報コーナーなどを備え、絵本の読み聞かせ会やサロン、お誕生会、グループ相談などさまざまなイベントを開催。父親やプレパパママを対象としたイベントも行っている。
●一時預かり（有料）…通院や買い物、美容院、リフレッシュなど理由を問わず利用できる。生後6カ月〜未就学児が対象。希望日の1カ月前から受け付ける（先着順）。空きがあれば当日でも利用可能。子ども1人当たり1時間600円（以後30分ごとに300円）。
●情報収集・提供…市内の幼稚園・保育園情報やイベント、子育て支援団体などのちらしを設置。毎月、のびすくのイベントなどを掲載した通信も発行している。
●子育て支援活動の連携・支援…子育て支援に関係する機関・団体と連携し、子育て支援者向けの研修や、ボランティア育成など、さまざまな取り組みを行っている。

のびすく仙台

CHECK

●のびすく子育てコーディネーター（NoKoCo）
のびすくには、子育て支援の豊富な知識と経験を持った専門の相談員「のびすく子育てコーディネーターNoKoCo(のここ)」を配置している。「子育てのいらいらを誰かに聞いてほしい」「産後が不安」「幼稚園や保育所の情報が知りたい」などの子育てに関する相談や情報提供、関係機関・事業とのつながりを支援。ひろばで子どもを遊ばせながらの相談もOK。相談は無料、相談内容について秘密は厳守する。

気軽にご相談ください♪

●のびすく仙台
仙台市青葉区中央2-10-24
仙台市ガス局ショールーム3階
開館時間／9:30〜17:00
　　　　　（一時預かりは16:30まで）
休／月曜、祝日の翌日
　　（土・日曜、祝日は開館）、年末年始
TEL022-726-6181
●のびすく宮城野
仙台市宮城野区五輪2-12-70 原町児童館内
宮城野区文化センター等複合施設1階
開館時間／9:00〜18:00
　　（土曜は17:00まで。一時預かりは平日17:30、土曜16:30まで）

休／日曜、祝日、年末年始
TEL022-352-9813
●のびすく若林
仙台市若林区保春院前丁3-1
若林区中央市民センター別棟等
複合施設2階
開館時間／
9:00〜17:00（一時預かりは16:30まで）
休／月曜、祝日の翌日
　　（土・日曜、祝日は開館）、年末年始
TEL022-282-1516
●のびすく長町南
仙台市太白区長町7-20-5
ララガーデン長町5階

開館時間／9:30〜17:00
　　　　　（一時預かりは16:30まで）
休／月曜、祝日の翌日
　　（土・日曜、祝日は開館）、年末年始
TEL022-399-7705
●のびすく泉中央
仙台市泉区泉中央1-8-6
泉図書館・のびすく泉中央3・4階
開館時間／9:30〜17:00
　　　　　（一時預かりは16:30まで）
休／月曜、祝日の翌日
　　（土・日曜、祝日は開館）、年末年始
TEL022-772-7341

日常に花を添えて 気持ち晴れやかに
●花束・アレンジメント・鉢物各種
●いけ花材料
●祝花・弔花　●仏前花・榊
各種フラワーギフトのことなら当店へ！
正 高橋生花舗
〒983-0852 仙台市宮城野区榴岡4-8-1
TEL022-256-5731
店舗営業時間／8:30〜18:00　休業日／日曜
※祝日のみ閉店時間が17:30になります
Flower Zeele　フラワーゼーレ🔍

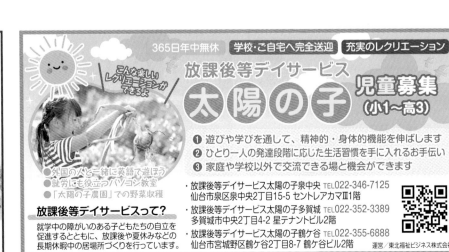

365日年中無休　学校・ご自宅へ完全送迎　充実のレクリエーション
こんな楽しいレクリエーションができるよ
放課後等デイサービス
太陽の子
児童募集（小1〜高3）

●外国の人と一緒に英語で遊ぼう
●就労にも役立つパソコン教室
●「太陽の子農園」での野菜収穫

① 遊びや学びを通して、精神的・身体的機能を伸ばします
② ひとり一人の発達段階に応じた生活習慣を手に入れるお手伝い
③ 家庭や学校以外で交流できる場と機会ができます

放課後等デイサービスって？
就学中の障がいのある子どもたちの自立を促進するとともに、放課後や夏休みなどの長期休暇中の居場所づくりを行っています。

・放課後等デイサービス太陽の子泉中央 TEL022-346-7125
　仙台市泉区泉中央2丁目15-5 セントレアカマⅢ1階
・放課後等デイサービス太陽の子多賀城 TEL022-352-3389
　多賀城市中央2丁目4-2 星テナントビル2階
・放課後等デイサービス太陽の子鶴ケ谷 TEL022-355-6888
　仙台市宮城野区鶴ケ谷2丁目8-7 鶴ケ谷ビル2階
運営／東北福祉ビジネス株式会社

利用できる時間（回数）／
年末年始を除く9:00〜18:00、1日1回まで。1回につき2時間まで（1時間単位）
利用料金／1時間当たり600円（所得の状況に応じて減額される）
問／青葉区役所家庭健康課
　　TEL022-225-7211
　　青葉区宮城総合支所保健福祉課
　　TEL022-392-2111
　　宮城野区役所家庭健康課
　　TEL022-291-2111
　　若林区役所家庭健康課
　　TEL022-282-1111
　　太白区役所家庭健康課
　　TEL022-247-1111
　　太白区秋保総合支所保健福祉課
　　TEL022-399-2111
　　泉区役所家庭健康課
　　TEL022-372-3111

産後ケア事業

　産後に心身の不調または育児不安があるなど、育児支援が必要な母子を対象に、心身のケアや育児のサポートなどを行い、産後も安心して子育てができる支援体制の確保を図る。
利用できる方／
利用時に市内に住所のある、次の①〜③全てに該当する産後1年未満（宿泊型を希望する場合は産後4カ月未満）の産婦とその乳児
①出産後、心身の不調や育児不安などがある
②家族などから家事や育児などの十分な支援が得られない
③母子ともに入院治療が必要と判断されていない
※子どもが早産で生まれた場合の利用可能期間は問い合わせを
サービスの内容・利用料金／
宿泊型…1日当たり5500円
　　　　（1泊2日は2日間と数える）
デイサービス型…1日当たり3200円
訪問型（相談型）…1日当たり2000円
訪問型（リフレッシュ型）…1日当たり3800円
※いずれも所得の状況に応じて減額される

利用できる日数／
宿泊型、デイサービス型、訪問型それぞれ最大7日まで（多胎産婦の場合は、それぞれ最大10日まで）
※詳しくは、仙台市ウェブサイトで確認すること
問／青葉区役所家庭健康課
　　TEL022-225-7211
　　青葉区宮城総合支所保健福祉課
　　TEL022-392-2111
　　宮城野区役所家庭健康課
　　TEL022-291-2111
　　若林区役所家庭健康課
　　TEL022-282-1111
　　太白区役所家庭健康課
　　TEL022-247-1111
　　太白区秋保総合支所保健福祉課
　　TEL022-399-2111
　　泉区役所家庭健康課
　　TEL022-372-3111

新生児誕生祝福事業

　仙台で生まれ育つお子さんの誕生を祝い、育児用品、子育て家庭が利用できるサービス、地場産品などが選べる3万円相当のカタログギフトを送付する。対象となる方には案内状を郵送。
問／子供未来局子育て応援プロジェクト
　　推進担当
　　TEL022-214-2129

仙台すくすくサポート事業

　仙台市が事務局（アドバイザー）として運営する、子どもを預かってほしい「利用会員」と子どもを預かることができる「協力会員」が互いに信頼関係を築きながら子どもを預け・預かる子育て支援活動。
　利用するためには会員登録（登録無料）が必要。
●会員になれる方
利用会員／
市内在住で、おおむね生後2カ月〜小学6年生の子どもがいる、入会説明会に参加した方

協力会員／
市内在住の20歳以上の心身ともに健康で、安全に子どもを預かることができる方。入会説明会への参加、事務局が主催する面接と協力会員講習会の受講も必要。
※有資格者（保育士、幼稚園教員、保健師、看護師など）でおおむね3年以内にその職に就いていた方は、協力会員講習会の受講を一部免除されることがある
両方会員／
「利用会員」と「協力会員」の両方を兼ねる方
問／仙台すくすくサポート事業事務局
　　TEL022-214-5001

助成・補助

●子ども医療費助成
　対象の子どもに対し、保険診療の自己負担額から利用者一部負担金を除いた分を助成する（一定以上の所得がある場合や、生活保護受給者を除く）。制度の利用には資格登録が必要。なお、2023年4月から所得制限を廃止し、一定以上の所得がある場合も対象となるため、未登録の方は早めの申請を。
助成対象／市内在住の中学3年生までの子ども
利用者一部負担額／
・通院の場合
　0歳〜未就学児（6歳到達年度末まで）…無料
　小学1年〜中学3年生…初診時500円、再診時無料
・入院の場合
　0歳〜未就学児（6歳到達年度末まで）…無料
　小学1年〜中学3年生…1回の入院につき10日目まで1日500円（11日目以降無料）
※入院中の食事にかかる負担金は助成対象外
問／青葉区役所保育給付課
　　TEL022-225-7211
　　青葉区宮城総合支所保健福祉課
　　TEL022-392-2111
　　宮城野区役所保育給付課
　　TEL022-291-2111
　　若林区役所保育給付課
　　TEL022-282-1111
　　太白区役所保育給付課
　　TEL022-247-1111

子育てタクシー運行中！
ひよこコース（お子様が一人で乗車）
■保護者の方からご予約いただいたお子様のお一人での移動のお手伝い
■通園、通学、塾や習い事、または祖父母の家などへ安全に送迎します
安全・安心・親切・丁寧がモットーの
㈱フタバタクシー　仙台市宮城野区日の出町二丁目3-18
子育て・介護タクシーのご用命は TEL022-236-9361
一般タクシーのご用命は TEL022-236-9371
　　　　　　　　　　　　（8:00〜17:00）
フタバタクシー　検索

制服
学生服リユースShop さくらや
学生服・体操着・柔道着など
売ります！買います！！
宮城県内 幼稚園〜高校の制服・体操着・柔道着など着なくなったらお売りください。
買い替えや洗替えが必要になったら、さくらや仙台店にお越しください！
安く買えるので家計にうれしい！
子育て応援の店！
着なくなった制服を確実に後輩へ
修理・お直しもお任せ！
さくらや仙台店　検索
PC・スマホで在庫状況が見られます
TEL 022-242-1551
営業日・営業時間など詳しくはホームページをご覧ください
●当店は通園・通学のお子様だけを対象に販売を行っています。
ご購入の際には、お子様同伴または通学証明書が必要です。

太白区秋保総合支所保健福祉課
TEL022-399-2111
泉区役所保育給付課
TEL022-372-3111
●定期予防接種の実施
　ヒブ（Hib）感染症、小児の肺炎球菌感染症、B型肝炎、ロタウイルス感染症、4種混合（ジフテリア・百日咳・破傷風・不活化ポリオ）、BCG、麻しん・風しん混合、水痘、日本脳炎、2種混合（ジフテリア・破傷風）、HPV感染症（子宮頸がん予防）などの予防接種を定められた時期に無料で実施する。定められた時期以外の接種は自己負担。申し込み時期や手続きはワクチンにより異なる。
　問／健康福祉局感染症対策室
　　　TEL022-214-8452
●風しん抗体検査
　風しんは、発熱や発疹などの症状が現れる。成人がかかると症状が重くなったり、妊婦がかかることで、胎内で感染して目や耳、心臓に障害のある子どもが生まれることがある。風しん

から自身と周りの人を守るために、まずは抗体検査を受け、必要であれば予防接種の検討を。
対象／
①1962（昭和37）年4月2日から1979（昭和54）年4月1日までに生まれた男性のうち、次の要件を全て満たす方
・過去に風しんにかかった記録のない方
・過去に風しんの予防接種を受けた記録のない方
・2014（平成26）年4月1日以降に風しん抗体検査を受けた結果の記録のない方
※その他、条件により検査を受けることができる場合がある。詳しくは問い合わせを
②次のいずれかに該当する方（過去に風しん抗体検査を受けた結果、十分な風しんの抗体があることが判明している方を除く）
・妊娠を希望する19歳から49歳までの女性
・「風しんの抗体価が低いことが判明している妊婦」の同居者
・「風しんの予防接種履歴があり、かつ、風しんの抗体価が低いことが判明している

妊娠を希望する19歳から49歳までの女性」の同居者
内容／検査費用は無料。医療機関にて、採血による風しん抗体検査を実施し、結果は約1週間後にお知らせ
※①について、風しん抗体検査の結果が陰性の方については、無料で予防接種を受けることができる
　問／健康福祉局感染症対策室
　　　TEL022-214-8452
●おたふくかぜ予防接種費用の一部助成
　任意の予防接種である「おたふくかぜワクチン」の接種費用の一部を助成する。
自己負担額（登録医療機関で支払う金額）／1〜3歳未満（1歳の誕生日の前日から3歳の誕生日の前日まで）2500円
※生活保護世帯や市民税非課税世帯に属する方は無料
助成回数／1回
　問／健康福祉局感染症対策室
　　　TEL022-214-8452

児童館・児童センター

　遊びを通して子どもたちの健康を増進し、情操を豊かにすることを目的とした施設。子どもたちの自由な遊び場であり、乳幼児のいる親子の交流の場にもなっている。全ての児童館・児童センターで、小・中学生はもちろん、乳幼児連れの親子も利用可能であり、放課後児童クラブの場としても利用されている。2022年度現在、以下の10カ所の児童館・児童センターでは、乳幼児連れの親子が利用しやすいよう、専用のスペースを確保している。

住吉台児童センター

松陵児童センター

●台原児童館
　仙台市青葉区台原5-2-5
　TEL022-233-5420
●長町児童館
　仙台市太白区長町5-3-2
　TEL022-304-2743

●東四郎丸児童館
　仙台市太白区四郎丸字大宮26-10
　TEL022-242-2845
●松陵児童センター
　仙台市泉区松陵3-28-2
　TEL022-372-7907

●住吉台児童センター
　仙台市泉区住吉台西4-2-3
　TEL022-376-5969
●虹の丘児童センター
　仙台市泉区虹の丘1-9-5
　TEL022-373-3510
●吉成児童館
　仙台市青葉区国見ヶ丘2-2-1
　TEL022-279-2033

●小松島児童館
　仙台市青葉区小松島2-1-8
　TEL022-728-5682
●新田児童館
　仙台市宮城野区新田2-22-38
　TEL022-783-7848
●荒町児童館
　仙台市若林区荒町86-2
　TEL022-266-6023

私達は最適な計量システムとサービスの提供で、信頼と安心の環境づくりに貢献します

お客様と未来の可能性を共有する
計量ソリューションカンパニー
日東イシダ株式会社

【本社】〒984-0015 仙台市若林区卸町5丁目3-5
TEL(022)235-3561(代表)
FAX(022)235-3519
【営業所】■八戸■弘前■秋田■盛岡■石巻
　　　　　■気仙沼■山形■庄内■郡山■いわき

人と人とのつながりを大切に歩む会社

SR 物流のコーディネーター
株式会社 盛功流通

一般貨物自動車運送業、自動車運送取扱業、普通倉庫業、冷蔵倉庫業、食品の冷凍及び冷蔵業、冷凍食品業、冷凍調理食品の小売業

仙台市宮城野区港2丁目1-10 TEL022-354-0180

盛功流通　検索

SDGsの取り組み
●2021年12月〜本社にて定期的にフードドライブ支援事業を実施
●2022年 1月〜フードバンク仙台様へ食品保管庫を無償提供（約15t）
●雨水を貯水し、トラック等の洗車用水として利用

●里帰り出産等に伴う定期予防接種の費用助成

定期予防接種実施日に仙台市に住民登録のある子どもを対象に、里帰り出産などで県外の医療機関で定期予防接種を実施した場合、その定期予防接種にかかった費用の一部を助成する。

対象／事前に定期予防接種実施依頼書の発行を受けた方

申請期限／定期予防接種実施日から1年間

問／健康福祉局感染症対策室
　TEL022-214-8452

●里帰り出産等に伴う妊産婦健康診査・新生児聴覚検査の費用助成

健診・検査実施日に仙台市に住民登録のある妊産婦を対象に、里帰り出産などで県外の病院や助産所など、委託機関以外で健診・検査を実施した場合、かかった費用の一部を助成する。（産婦健診ではEPDS※をはじめとしたツールを用いた客観的なアセスメントの実施が必要）

対象となるもの／
公費負担と認められた健康診査・新生児聴覚検査にかかった費用

申請期限／出産日から1年未満まで（生まれた子が1歳になる誕生日の前日まで）

＜対象とならないもの＞
1.日本国外での健診費用
2.保険適用診療分の費用
3.テキスト代や物品代など、定期の健診費用以外にかかる費用
4.県内の医療機関で受診した健診費用
5.妊娠しているかどうか調べるための検査費用

※EPDS（エジンバラ産後うつ病質問票）による問診を医療機関で受け、産後のこころの不調を確認する

問／子供未来局子供家庭保健課
　TEL022-214-8189

●フッ化物歯面塗布助成事業

生後8カ月から1歳6カ月を迎える前日までの乳幼児を対象に、登録歯科医療機関でフッ化物歯面塗布を受ける費用を1回分助成する。

問／青葉区役所家庭健康課
　TEL022-225-7211

写真1…パパ向けの行事も開催（のびすく宮城野）
写真2…親子で楽しく交流（のびすく長町南）

青葉区宮城総合支所保健福祉課
TEL022-392-2111
宮城野区役所家庭健康課
TEL022-291-2111
若林区役所家庭健康課
TEL022-282-1111
太白区役所家庭健康課
TEL022-247-1111
太白区秋保総合支所保健福祉課
TEL022-399-2111
泉区役所家庭健康課
TEL022-372-3111

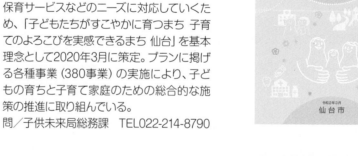

仙台市すこやか子育てプラン2020（2020～24年度）

子育てに関する負担の増加やさまざまな保育サービスなどのニーズに対応していくため、「子どもたちがすこやかに育つまち 子育てのよろこびを実感できるまち 仙台」を基本理念として2020年3月に策定。プランに掲げる各種事業（380事業）の実施により、子どもの育ちと子育て家庭のための総合的な施策の推進に取り組んでいる。

問／子供未来局総務課　TEL022-214-8790

基本的な視点
1.子どものすこやかな成長を支える取り組みの充実、子どもの安全・安心の確保
2.妊娠期から出産・子育て期にわたる切れ目のない支援の充実
3.地域社会全体で子どもの育ちと子育てを応援していく環境づくり

「仙台市すこやか子育てプラン2020」

女性も活躍できる職場
育休復帰率100%
家庭と仕事の両立できるよう、
職場環境の整備に努めております

調査・試験を通して、
人々の暮らしを守る。

株式会社建設技術センター

宮城県仙台市若林区蒲町東20-12
TEL022-287-4011
https://www.ctc-kengi.co.jp

ずっと、ずっと、水が彩る未来へ。

水ing
Swing AM Corporation

SUSTAINABLE DEVELOPMENT GOALS

水ingAM 株式会社
本　社　〒105-0021 東京都港区東新橋 1-9-2-27F
　　　　tel.03-4346-0610　fax.03-3572-1207
東北支店　〒983-0852 仙台市宮城野区榴岡 2-5-30-7F
　　　　tel.022-293-4568　fax.022-299-1633

中條デザイン事務所
設計・施工・実測調査

店舗・住宅・建築物の
リノベーションプランニング

OFFICE
〒981-8003
仙台市泉区南光台 5 丁目 27-1-102
TEL 022-739-8160　FAX 022-739-8165
✉ nakajo27@palette.plala.or.jp

計画の体系

主な取り組み（基本的な視点1）

子ども

(1) 生きる力をはぐくむ教育の充実
- ○ 幼児教育の充実
  幼稚園や保育所等における取り組みの推進など
- ○ 豊かな心・すこやかな体・確かな学力の育成
  道徳教育、命を大切にする教育等の推進、体力・運動能力向上の取り組みの充実、きめ細かな指導による学習意欲の向上など

(2) 子どもの可能性が広がる体験と活動の場、遊びの環境の充実
- ○ 社会体験、自然体験など多様な体験・学習機会の充実
  体験参加型の学びの場や読書環境の充実など
- ○ 遊びの環境の充実
  遊びの機会の確保、遊びの環境に関する調査・研究など
- ○ スポーツ・文化に親しむ環境づくり
  スポーツ活動への参加の機会の拡大や芸術文化に親しむための環境づくりなど
- ○ 子ども・若者の居場所づくり、活動の場の充実
  放課後児童クラブの充実など

(3) 子どもたちが安心して成長できる環境づくり
- ○ 児童虐待防止対策の充実
  児童相談所の体制・機能の強化など
- ○ いじめ防止等対策の総合的推進
  学校内の体制の強化や教職員の対応力向上、社会全体で子どもたちをいじめから守るという意識の向上を図るための広報啓発など
- ○ 安全・安心な環境の確保
  生活環境の安全確保、防犯対策、交通安全対策など

(4) 子ども・若者の自立等に向けた支援の充実
- ○ 不登校・ひきこもりへの支援の充実
  不登校児童生徒等への居場所づくり、相談支援体制の充実など
- ○ 社会性の向上や就労等に向けた支援の充実
  職業体験の機会の充実、就労支援の推進など
- ○ 代替養育を必要とする子どもへの支援の充実
  児童養護施設の小規模化・地域分散化、里親支援の充実など

主な取り組み（基本的な視点2）

子育て家庭

(1) 子どもがすこやかに生まれ育つための保健・医療の充実
- ○ 母子保健の充実
  妊産婦健康診査等や産後のサポート、子どもの発達に係る相談の充実など
- ○ 小児医療、学校保健の充実
  在宅当番医制の実施、学校における保健教育の充実など

(2) 子育て負担軽減と家庭の子育て力向上のための取り組み
- ○ 子育てに関する不安・負担の軽減
  相談機能の充実、地域における交流の場の充実など
- ○ 子育てに要する経済的負担の軽減
  健康診査にかかる費用、小・中学校の給食費や学用品費等の援助、子ども医療費助成の拡充など
- ○ 子育てに関する情報提供・相談支援の充実
  子ども・子育て家庭に対する総合的な支援体制の構築、育児に関する知識の習得・向上を図るための家庭教育の推進など

(3) 教育・保育基盤と幼児教育・保育サービス等の充実
- ○ 教育・保育基盤の整備
  保育所や小規模保育事業の整備、認定こども園の普及など
- ○ 多様な保育サービス等の充実
  延長保育や休日保育、病児・病後児保育等の充実など
- ○ 保育の質の確保・向上
  教育・保育従事者の人材の確保・育成、研修の充実など
- ○ 幼児教育の充実（再掲）

(4) 個別のニーズに応じた子ども・子育て家庭への支援の充実
- ○ 子どもの貧困対策の推進
  生活困窮世帯の子どもたちの居場所づくりなど
- ○ ひとり親家庭等への支援の充実
  さまざまな困難を抱える家庭への支援の充実
- ○ 障害のある子どもなどへの支援の充実
  年齢や発達等に応じた相談支援の充実など

主な取り組み（基本的な視点3）

地域社会

(1) 身近な地域の子育て支援機能の充実
- ○ 多様な担い手による子育て支援ネットワークの強化
  地域における子育て支援団体の活動支援、子どもと子育て家庭に関わるさまざまな支援者同士の連携の強化など
- ○ 地域における児童虐待防止対策の充実（一部再掲）
  地域の関係機関や医療機関と連携した支援の充実など
- ○ 子どもの育ちと子育て家庭を支える人材の育成
  日常的に子どもと接する施設の職員の資質の向上など
- ○ 身近な地域の子育て支援施設等の充実
  のびすくや児童館のほか、幼稚園や保育所、認定こども園における子育て支援センター・支援室、学校等における相談機能の強化や交流の場・機会の充実など

(2) 仕事と子育ての両立支援の促進
- ○ 仕事と生活の調和（ワーク・ライフ・バランス）の実現に向けた家庭・企業等における取り組みの推進
  リーフレットによる啓発、企業等の子育て支援の取り組みの促進など
- ○ 女性の就労継続・再就職の支援促進
  講座の開催、女性の人材活用等に関する企業への働きかけなど
- ○ 男女がともに担う子育ての推進
  父親の子育て参加を促進するための講座等の企画や啓発など

(3) 地域をあげて子ども・子育てを応援していく機運の醸成
- ○ 子育てを応援していく全市的な機運の醸成
  子どもの権利の意識啓発、多様な主体間の連携の枠組みの構築など
- ○ 子育てを応援していく各種プロジェクトの展開
  情報発信の充実、子ども・子育てを応援していくプロジェクトの企画・実施など

「いい情報」・「いい住まい」

シャーメゾンショップ特約店
丸和不動産有限会社
宮城県知事免許(8)第3623号
仙台市若林区南材木町81
TEL022-266-4934
営／9:00～18:00(土曜日は15:00まで)
休／日曜日、祝日、第2土曜日
地下鉄南北線 河原町駅から徒歩3分

子どもたちの健やかな成長を願っています

和(やわらか)な手と手が触れあう緑の里
社会福祉法人 宮城ろうふく会
特別養護老人ホーム 大東苑
仙台市太白区秋保町長袋字清水久保51-4
TEL022-399-2201

デイサービスセンター 大滝荘 TEL022-399-2224
秋保介護支援センター TEL022-399-2263
秋保地域包括支援センター TEL022-399-2205

宮城ろうふく会 [検索]

海岸公園冒険広場

開園時間／9:00～17:00
入園料／無料（デイキャンプ場のみ有料）
※デイキャンプ場は冬期利用できません
休園日／毎週火曜日（休日の場合は、その翌平日）及び、年末12月28日から年始1月4日
駐車場／197台（無料）

問／海岸公園冒険広場 管理棟
仙台市若林区井土字開発139-1
TEL022-289-6232

ひとり親サポートブック「うぇるびぃ」

ひとり親サポートブック「うぇるびぃ」

「うぇるびぃ」はひとり親の方に向けて相談機関や支援制度のことなどの情報を集めたひとり親サポートブック。「突然配偶者を失い、何をどうしたらいいのかわからない」「子どもの養育、教育のことで悩んでいる」「就職のため、技術を身に付けたい」「同じ境遇の方と知り合い、語り合いたい」など、さまざまな場面や状況に合わせた対処法やアドバイスを紹介している。

冊子は区役所家庭健康課、総合支所保健福祉課、市役所本庁舎1階市政情報センターなどで配布している。
問／子供未来局子供支援給付課
　　TEL022-214-8180

子育てサポートブック「たのしねっと」

出産や育児、各種相談窓口、幼稚園や保育所、児童館のことなど、子育てに関する情報を集めた冊子。母子健康手帳の交付時に配布するほか、市ウェブサイトでも閲覧できる。
問／子供未来局子供家庭保健課
　　TEL022-214-8606

子育てサポートブック「たのしねっと」

写真3…開放感いっぱい（のびすく泉中央）
写真4…絵本の読み聞かせを楽しむ親子（のびすく若林）

写真3

写真4

「祖父母手帳」

祖父母手帳 －つなげよう・広げよう「孫育て」－

育児の方法や考え方が時代とともに変化する中、子育て中の父母世代と祖父母世代がお互いに育児への理解を深め、共に楽しく育児に向き合うきっかけとなるように2017年度から発行している。各区役所家庭健康課・総合支所保健福祉課のほか、各区ののびすくなどで入手できる。市ウェブサイトでも閲覧することができる。
問／子供未来局子供家庭保健課
　　TEL022-214-8606

どこでもパスポート

入館の際に提示すると、仙台都市圏14市町村の小中学生は県内の一部を除く社会教育施設（都市圏以外の施設は利用可能期間あり）を無料で利用できる。在住または仙台都市圏の学校（私立、外国人学校を含む）に通っている小中学生が対象。パスポートは学校から配布される。
問／まちづくり政策局政策調整課
　　TEL022-214-0001

写真／宮城県観光課
2万年前の氷河期の世界がよみがえる
地底の森ミュージアム
仙台市太白区長町南 4-3-1
TEL022-246-9153
FAX022-246-9158
http://www.sendai-c.ed.jp/~bunkazai/~chiteinomori/
世界中でここだけ！

八木山動物公園 フジサキの杜
YAGIYAMA ZOOLOGICAL PARK

【開園時間】
●3月1日から10月31日まで／午前9時〜午後4時45分
　（ただし入園は午後4時まで）
●11月1日から2月末日まで／午前9時〜午後4時
　（ただし入園は午後3時まで）
【休園日】
●毎週月曜日（ただし月曜日が祝日や振替休日にあたる場合は、火曜日が休園日）
●12月28日から1月4日
※2023年4月から毎週水曜日が休園となります
所在地／仙台市太白区八木山本町1-43　TEL022-229-0631
八木山動物公園 [検索]

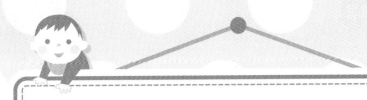

黒川エリア

子育て行政サービス

「住みたくなるまち日本一」を目指して

富谷市

〒981-3392
富谷市富谷坂松田30
TEL022-358-3111
人　口／5万2319人
世帯数／2万140世帯
面　積／49.18平方㌔。
（2022年10月31日現在）

富谷市公式キャラクター
ブルベリッ娘とブルピヨ

【主な子育て関連部署】
●子育て支援課
　TEL022-358-0516
●とみや子育て支援センター
　TEL022-343-5528
●とみや子育てサロン
　TEL022-779-6981

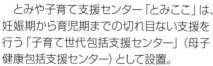
とみや子育て支援センター「とみここ」

とみや子育て支援センター「とみここ」は、妊娠期から育児期までの切れ目ない支援を行う「子育て世代包括支援センター」（母子健康包括支援センター）として設置。

主な業務として母子保健事業を基盤に、妊娠期には専門職による母子健康手帳交付、プレママ・プレパパ学級、プレママコールにて妊娠期・出産期・育児期を安全に安心して迎えられるよう包括的に切れ目ない支援を行っている。

とみや子育て支援センター

子育て期には新生児訪問、2カ月の赤ちゃんとママのおしゃべりサロン、乳幼児健康診査、月齢に合わせた離乳食教室、予防接種事業などのほか、発達相談やすくすく相談にてちょっとした心配事や育てにくさにも寄り添う支援を実施。

また、子育て支援事業として「とみここ通信」や子育て情報誌「はあと」を発行して子育て支援情報を発信、子育て講座の開催、月1、2回親子が集まって遊ぶ場「とみここ開放・あそびのひろば」を開き親子の交流支援も行っている。

問／とみや子育て支援センター
　　TEL022-343-5528

とみや子育てファミリー・サポートセンター

子育てを地域で手伝い、支え合うための「子育ての支援を受けたい人（利用会員）」と「子育ての支援をしたい人（協力会員）」による会員組織。市から委託を受けたセンターがそれぞれの会員の橋渡しとコーディネートを行う。
●活動内容
・保育園や児童クラブ、習い事などの送迎
・仕事や通院などの際に子どもを預かるなど
●対象
利用会員／・市内に在住している人
　　　　　・生後2カ月〜小学6年生の子どもの保護者
協力会員／・市内に在住する20歳以上の人
　　　　　・心身ともに健康な人
　　　　　・支援活動に理解がある人
　　　　　・協力会員は入会時に講習会を受講
　　　　　※性別・資格は問わない
両方会員／上記会員の両方を兼ねる人
●入会申請に必要なもの
・入会申込書（入会説明時に配布）

・写真2枚（縦3㌢×横2.5㌢）
※子どもではなく会員登録する人の写真
●利用料（子ども1人を預ける場合）
・平日7:00〜19:00 1時間600円
・平日、上記以外の時間
　1時間700円
・土・日曜、祝日、年末年始 1時間700円
※支援活動が行われた際、利用会員が協力会員に直接支払う
※送迎時の交通費、預かり時の食事代やおやつ代などの実費は、別途利用会員の負担となる
問／とみや子育てファミリー・サポート・センター（富谷市社会福祉協議会内）
　　TEL022-358-3981

放課後児童クラブ

昼間、保護者が就労等で家庭にいない場合に市内の各児童クラブで小学1〜6年生を預かる。児童支援員（保育士などの有資格者）が児童の安全確保と管理に努めながら、遊びや仲間づくりを支援する。
開／月〜金曜 放課後〜19:00
　　土曜、学校休業日 8:00〜18:00
休／日曜、祝日、年末年始など
利用料／・月10日以上の場合1カ月3000円
　　　　・月10日未満の場合1カ月1500円
　　　　・長期休業のみ利用の場合年5000円
　　　　※多子軽減制度あり
　　　　※土曜延長利用の場合各1000円追加
※利用案内と申請書は勤務先の証明などとともに提出が必要
実施場所／富谷小、富ケ丘小、東向陽台小、あけの平小、日吉台小、成田東小、成田小、明石台小
問／子育て支援課 TEL022-358-0516

イオンモール富谷
イオン富谷店

富谷市大清水1丁目33-1
TEL022-779-0808

イオン東北株式会社

パパ、ママになる日。
ハートと医療でお応えします。

新富谷S・Sレディースクリニック

外来診療時間	月	火	水	木	金	土
9:00〜11:30	●	●	●	●	●	●
13:30〜16:00	●	●	●		●	●

富谷市成田9丁目1-20 http://www.sslc.jp/
TEL:022-348-3534
FAX:022-351-7081
予約制

明石台こどもクリニック

当院では、一般小児科の他、予防接種や乳児健診などを中心に、近隣地域の皆さんはもとより、ショッピングセンター利用者など、幅広い方々の子育てに役立てる小児科クリニックを目指しています。

診療時間	月	火	水	木	金	土	日
9:00〜12:30	●	●	●	−	●	●	※
14:30〜18:00	●	●	●	−	●	14:30〜17:00	

休診日 毎週木・日、祝日 ※第2週日曜は9:00〜12:30迄診療を行っております

富谷市明石台6-1-20（明石台ショッピングセンター内）
TEL022-725-8815
明石台こどもクリニック 検索

とみや育児ヘルプサービス

　出産後間もなく、家庭の事情で日中に家族の支援が受けられず、家事や育児が困難な家庭にヘルパーを派遣し、家事や育児の支援を行うサービス。

●対象／・市内に在住している人
　　　　・出産後2カ月以内の人
　　　　・日中家にいるのが子どもと母親のみで、家事をする人がいない家庭
●サービス内容／
・オムツ交換、授乳、沐（もく）浴の手伝いなど
・調理、洗濯、住居の掃除や整理整頓、生活必需品の買い出しなど
●申請から利用までの流れ
①申請書を提出する（出産予定日の2カ月前まで）
②事業委託先である富谷市社会福祉協議会とヘルパーが訪問し、利用内容について打ち合わせする
③出産後、子育て支援課に出産日、退院日を連絡（ヘルパー支援日程調整）
④利用開始
派遣回数／20回まで
利用時間／1日1回2時間以内
派遣日時／月〜金曜9:00〜17:00（祝日、年末年始を除く）
利用料／1時間当たり300円 ※サービス終了後にヘルパーへ直接支払う
問／子育て支援課 TEL022-358-0516

富谷中央公民館「子育てサロン」

　子育てしているみんなの居場所、交流の場。室内で子どもたちはのびのびと遊び、お父さん、お母さんたちはリラックスタイム。保育士が常駐しているので、子育ての悩みなどの相談もできる。スタッフと一緒に簡単な製作や遊びが楽しめる「作ってあそぼう」、赤ちゃんと触れ合い遊びや親同士の交流ができる「あかちゃんひろば」、親子で楽しめる触れ合い遊び、ママのリフレッシュ、子育てに役立つ内容を紹介する「子育て講座」「あかちゃんタイム」や絵本の読み聞かせ・手遊び・体操の時

間などもある。
開／火〜土曜9:00〜15:00
利用料／無料
休／日・月曜、祝日、年末年始
問／子育てサロン TEL022-779-6981

富谷市乳児見守りおむつ等お届け便事業

　2022年11月より、0歳児を育児中の家庭に紙おむつ等を無償で届ける事業を開始した。定期的な声掛けを行うことで、子育ての不安を解消するとともに、子育て家庭の経済的負担の軽減を図る。

●対象
下記の両方を満たす人
1. 申請日から配達時点において富谷市に住民登録がある
2. 2022年4月1日以降に生まれた1歳未満の乳児とその保護者
●配達期間
　生後3カ月から満1歳の誕生月までの間に最大4回の配達。

とみや子育てサロン（富谷中央公民館2階）

●手続き
　出生届を提出する際に、申請書を提出する。後日郵送も可能だが速やかに提出すること。（市外で出生届を提出した人には、後日申請書等を郵送する）
問／とみや子育て支援センター
　　TEL022-343-5528

子ども医療費助成制度

　0〜18歳年度末までの子どもの医療費を助成し、子育て世帯の経済的負担を軽減する。
助成内容／子どもの通院費・入院費を助成する。ただし、通院の場合3歳以上は初診料算定時に500円負担（再診時は一部負担なし）、入院の場合小学1年生以上は1日につき500円負担（同一入院につき限度額5000円）
問／子育て支援課 TEL022-358-0516

クルマのことならオートバックス
オートバックス・富谷店
宮城県富谷市上桜木2-3-8
TEL022-342-9038
営業時間／10:00〜19:00

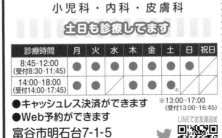

タウンクリニック えん
Town Clinic en
小児科・内科・皮膚科
土日も診療してます

診療時間	月	火	水	木	金	土	日	祝日
8:45〜12:00（受付8:30〜11:45）	●	●	●	●	●	●	●	
14:00〜18:00（受付14:00〜17:45）	●	●	●		●	※		

※13:00〜17:00（受付13:00〜16:45）

●キャッシュレス決済ができます
●Web予約ができます
富谷市明石台7-1-5
TEL022-358-1976
FAX022-358-7262

とみや 病児・病後児
さくら保育室

あずかり時間	月	火	水	木	金	土	日	祝日
8:00〜18:00（水・土8:00〜13:00まで）	●	●	●	●	●	●		

定休日 日曜・祝日

お子さまが病児・病後児のときに保護者が勤務等の都合で家庭保育ができない場合お預かりします。
事前登録、利用予約をお願いします
Town Clinic en 小児科内
TEL022-358-7141
さくら保育室 富谷　検索

みんなで子育て

大和町

〒981-3680
大和町吉岡まほろば1-1-1
TEL022-345-1111
人　口／2万8257人
世帯数／1万2342世帯
面　積／225.49平方㌖
（2022年10月31日現在）

大和町イメージキャラクター
アサヒナサブロー

【主な子育て関連部署】
●子育て支援課 TEL022-345-7503
●健康支援課 TEL022-345-4857
●生涯学習課 TEL022-345-7508
●公民館（まほろばホール）
　TEL022-345-2414
　（TEL022-344-4401）
●吉岡児童館 TEL022-345-4065
●宮床児童館 TEL022-346-2059
●吉田児童館 TEL022-345-3009
●鶴巣児童館 TEL022-343-2138
●落合児童館 TEL022-345-4058
●もみじケ丘児童館
　TEL022-358-0616
●杜の丘児童館 TEL022-341-7156
●児童支援センター
　TEL022-344-7311

大和町児童支援センター

子どもたちが健やかに育ち、保護者が安心して子育てできる環境づくりのために運営している。親子、子ども同士、親同士、地域住民などとさまざまな交流、体験を通し、子育ての情報交換ができ、子どもたちが安全にのびのびと遊べる場所を提供。子どもと一緒に遊べるイベントを毎月企画、開催している。
開／月～金、第3土曜日
　　9:00～11:30、13:30～16:00

児童支援センター

※ 事前に電話などで予約が必要
　当面の間、大和町在住の人に限る
利用料／無料
休／土曜（第3土曜は除く）、日曜、祝日、年末年始
問／児童支援センター TEL022-344-7311

大和町あんしん子育て医療費助成

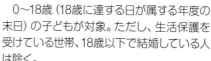

0～18歳（18歳に達する日が属する年度の末日）の子どもが対象。ただし、生活保護を受けている世帯、18歳以下で結婚している人は除く。
助成内容／入院・通院ともに医療費が無料になる。ただし、加入している各健康保険から支給される高額療養費や付加給付、健康保険の適用外となるもの（健康診査、予防接種、入院時食事代、薬の容器代、差額室料など）は助成対象から除く
問／子育て支援課 TEL022-345-7503

大和町第3子以降育児応援祝金事業

子どもの誕生や入学を祝福するとともに、健やかな成長と多子世帯の経済的負担の軽減、町への定住促進を図ることを目的として、3人目以降の子どもが生まれたときに10万円、小・中学校に入学したときに5万円（うち地元商品券2.5万円）を保護者に支給。
問／子育て支援課 TEL022-345-7503

おはなし会

親子で楽しめる会。絵本や紙芝居の読み

聞かせ、手遊びなどを行う。予約不要。以下開設日については、変更となる場合がある。
●おはなしの森
開／第1土曜10:30～11:30
●もみじっ子
開／第3水曜10:30～11:30
会場／まほろばホール
問／公民館（まほろばホール内）
　　TEL022-344-4401

大和町放課後子ども教室「わいわい」

小学1～6年生が一緒に遊びやスポーツ、工作などの活動をする。また、地域住民がスタッフとなり、陶芸教室やグラウンドゴルフ交流会など、さまざまな催しを企画する。小野・吉田・落合・鶴巣・宮床の5地区で開催していて、活動日や活動内容は地区ごとに異なる。参加無料。
問／生涯学習課 TEL022-345-7508

大和町高等学校等通学応援事業

公共交通機関の利用促進と子育て支援の充実を図るため、町内に住所を有し、自宅から高校などへの通学手段として、公共交通機関（スクールバスの利用も含む）などの定期券を購入している生徒の保護者を応援。
助成内容／定期券などの購入金額のうち1カ月当たり1万円を超えた額の半額（月額上限1万円）を補助。
※100円未満は切り捨て
問／まちづくり政策課 TEL022-345-1115

無料送迎　入院設備　無料駐車場100台　在宅・往診

内科・循環器内科
消化器内科・人口透析内科

医療法人社団　清瑞会

吉岡まほろばクリニック

	月	火	水	木	金	土	日
08:30-12:30	○	○	○	○	○	○	—
14:00-18:00	○	○	○	○	○	—	—

※土曜日は08:30-13:00までとなります　※日曜日・祝日は休診となります

黒川郡大和町吉岡まほろば1-5-4
（大和町役場すぐとなり）
TEL022-345-9901
http://www.seisuikai.com/mahoroba/

ココロとカラダの いきいき アイランド
BELL Sunpia
ベルサンピア みやぎ泉

レジャー、レストラン、宿泊も利用可
所在地／黒川郡大和町小野字前沢31-1
TEL022-346-2121

スポーツ施設概要

ゴルフ練習場	40打席、200㍍打ち放し（全自動ティアップ機・暖房完備）
テニスコート	オムニコート8面（ナイター照明・ロッカールーム・シャワールーム完備）
野球場A	両翼90㍍、中央110㍍
野球場B	両翼80㍍、中央100㍍
室内練習場（利用可能スポーツ）	軟式・硬式野球、テニス 他
体育館	バスケットボール用ゴール、フットサル用ゴール、卓球台完備

大郷町観光PRキャラクター
常のモロ

移住定住・子育てファーストクラスのまちづくり

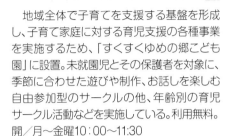

大郷町

〒981-3592
大郷町粕川字西長崎5-8
TEL022-359-3111
人　口／7773人
世帯数／2893世帯
面　積／82.01平方㌔。
（2022年9月30日現在）

【主な子育て関連部署】
● 町民課
　TEL022-359-5504
● 町民課こども健康室
　TEL022-359-3030
● すくすくゆめの郷こども園
　TEL022-359-5655
● 子育て支援センター
　TEL022-359-5755
● 児童館
　TEL022-359-2167

町民課こども健康室

　妊娠期から子育て期のさまざまな疑問・相談に対応する総合窓口を町保健センター内へ設置。町保健師らが随時相談を受け付けている。
● 乳幼児健康診査
　医療機関で受診する2カ月児健診、8〜9カ月児健診の費用を助成する。また、町の保健センターで乳児健診（3〜4カ月）、1歳6カ月児健診、2歳児健診、3歳児健診を実施している。保健師や栄養士、歯科衛生士による育児・栄養の相談を受け付けている。
● ぱくもぐ☆歯ピカピカ教室
　離乳食と歯みがきの講話や相談を行っている。
● おやこのへや
　育児相談、身体測定、親子遊びや、他の親子と交流ができる。
● のびのび相談
　保護者の希望があり、保健師が必要と判断した場合、臨床心理士が精神発達に心配がある子どもとその親の相談を受け付ける。
問／町民課こども健康室
　　TEL022-359-3030

大郷町子育て支援センター

　地域全体で子育てを支援する基盤を形成し、子育て家庭に対する育児支援の各種事業を実施するため、「すくすくゆめの郷こども園」に設置。未就園児とその保護者を対象に、季節に合わせた遊びや制作、お話しを楽しむ自由参加型のサークルの他、年齢別の育児サークル活動などを実施している。利用無料。
開／月〜金曜10：00〜11：30
　　　　　　13：00〜16：30
休／土・日曜、祝日、12月29日〜1月3日
● おはなしなあに
開／月1回10：00〜11：30
● 作って遊ぼう
開／月2回10：00〜11：30
● 育児サークル
開／月2回10：00〜11：30
対象／リトルアップル（0歳児）、ビックアップル（1歳児、2歳児）
問／子育て支援センター
　　TEL022-359-5755

出産祝金と乳幼児育児用品の支給

● 出産祝金
　未来を担う子どもの誕生を祝福し、子どもの健全な育成と子育て世代の定住促進を図るため、第1子出生時に1万円、第2子2万円、第3子3万円、第4子以降5万円を保護者に支給する。
● 乳幼児育児用品
　出生月の翌月から満1歳の誕生月まで、毎月3000円の育児用品引換券を交付する。
問／町民課こども健康室
　　TEL022-359-3030

すこやか子育て医療費助成

　0〜18歳（18歳に達する日が属する年度の末日）の子どもが対象。入院・通院ともに医療費が無料になる。ただし、加入している各健康保険から支給される高額医療費や付加給付、健康保険の適用外となるもの（健康診査、予防接種、入院時食事代、薬の容器代、差額室料など）は助成対象から除く。
問／町民課 TEL022-359-5504

大郷町児童館

　子どもと子どもに関わる全ての方のための施設。バリアフリー仕様の館内には小体育ホール、図書室、乳児室、館庭には砂場、すべり台付き遊具があるほか自然いっぱいの原っぱもある。乳幼児や小学生を対象とした定期行事、雀踊りや羽生田植踊りも実施中。
開／月〜土曜9：00〜18：00
　　（小学生は17：00まで）
休／日曜、祝日、12月29日〜1月3日、その他臨時休業あり
● おおさと放課後児童クラブ
　大郷町児童館内併設の公設民営の学童保育サービス。放課後や学校休業日に就労などの理由で保護者や家族が自宅に不在となる小学生が利用できる。要事前申請。利用児童、保護者のための各種イベントも不定期開催。
開／登校日 下校〜18：00（延長19：00まで）
　　学校休業日8：30〜18：00（朝延長7：00〜8：30、夜延長18：00〜19：00）
　　土曜 8：30〜18：00（朝延長7：00〜8：30、夜延長なし）
休／児童館に準じる
問／児童館 TEL022-359-2167

大郷町B&G海洋センター

一般利用時間　9:00〜12:00・13:00〜17:00
団体利用時間　9:00〜21:00（要申請）
休 館 日　毎週月曜日（祝日の場合は翌火曜日）・年末年始

利用方法・料金など詳細に関してはお気軽にお問い合せください
黒川郡大郷町中村字屋鋪65-2
TEL022-359-2982 FAX022-359-4537

支倉常長 メモリアルパーク

　鬱蒼とした木々が立ち並ぶ道を進むと、急に整然とデザインされた美しい公園に出会うことができます。
　小川が流れ、林立した人工的な杜の最頂部にはシンボリックに光の球が輝きを見せ、訪れた人々を心の安らぎへといざなうようです。
　なにより、入口に立つ男の銅像が際立っています。この銅像こそが歴史上で希代の偉業を果たしながら、時代の流れによって闇に葬られてしまった「支倉常長」その人であり、この公園が支倉常長が永眠する墓へとアクセスする道を中心に公園整備された「支倉常長メモリアルパーク2」です。
　現在「梅安清公神定門 支倉氏」こう書かれた墓標にも、宮城県内はもとより全国から参拝者が訪れ、闇に葬られた歴史ロマンに夢を馳せておられるようです。
　皆さんもぜひ一度支倉常長メモリアルパークへおいでください。

問い合わせ先／大郷町農政商工課商工観光係　tel 022-359-5503

みんなで創る新たな万葉の里

⛰ 大衡村

〒981-3692
大衡村大衡字平林62
TEL022-345-5111
人　口/5706人
世帯数/2109世帯
面　積/60.32平方㌔
（2022年9月30日現在）

大衡村PR大使
ひら麻呂

【主な子育て関連部署】
● 子育て世代包括支援センター
　（福祉センター内）
　TEL022-345-0253
● 健康福祉課（福祉センター内）
　TEL022-345-0253
● おおひら万葉こども園
　TEL022-344-3028
● ききょう平保育園
　TEL022-797-8370
● 大衡児童館
　TEL022-345-4626

○ 子育て世代包括支援センター

保健師や栄養士などの専門スタッフが、子育てに関するさまざまな相談に応じ、サポートする。
対象/妊娠期〜子育て期の人とその家族
開/8:30〜17:15
　（相談受け付けは16:00まで）
問/子育て世代包括支援センター
　（福祉センター内）
　TEL022-345-0253

○ ベビーのゆったりタイム

保護者同士で話したり子どもに絵本を読んだり自由に過ごせる。バスタオルなど必要な物は持参を。申し込み不要。
実施場所/大衡村福祉センター
実施日時/第3月曜10:00〜11:30
対象/0歳児
問/健康福祉課 TEL022-345-0253

○ 一時預かり事業 🏠

家族の急病や看病介護、冠婚葬祭、育児疲れなどの解消などの理由で一時的に子どもを預けられるサービス。
利用施設/おおひら万葉こども園
利用時間/8:30〜17:30（土・日曜、祝日、年末年始を除く）
利用料/2歳以下一日利用2200円、半日利用1100円、3歳以上一日利用1200円、半日利用700円※一日利用の場合給食費として別途300円かかる
問/おおひら万葉こども園 TEL022-344-3028

○ 子育てふれあい広場

児童館では、未就学児の親子の遊び場として開放しており、広いスペースでのびのび遊んだりおしゃべりを楽しんだり自由に過ごせる。
利用施設/大衡児童館
利用日時/火・木曜（小学校長期休業日にあたる日・祝日、年末年始は除く）
　10:00〜11:30
問/大衡児童館 TEL022-345-4626

○ 万葉のびのび子育て支援事業

● 子育て支援券
子育て家庭の負担軽減と健やかな出産・育児の支援を目的に、村在住の妊婦を対象に「万葉のびのび子育て支援券（5万円分）」を交付している。子育て支援券はタクシー乗車や紙おむつ・粉ミルク購入の際に使える。
● 祝金
子育て世帯の経済的支援および定住促進

を目的に、出産祝金ならびに小中学校入学の入学祝金を支給する。1人当たり出産祝金は5万円、入学祝金は3万円を支給。
問/健康福祉課 TEL022-345-0253

○ 子育て支援拠点事業 🐦

● おひさまくらぶ
未就園児とその家族を対象に、「おおひら万葉こども園」の児童と一緒に遊んだり、行事に参加したりと親子で楽しめる活動を行っている。月〜金曜9:00〜17:00は自由に来園できる。
体験活動
開/月数回、おおむね水曜10:00〜11:30
費用/無料
問/おおひら万葉こども園 TEL022-344-3028

おひさまくらぶの様子

○ チャイルドシート貸出事業 🏠

大衡村に住所がある方を対象に無料で貸し出す。
貸出場所/大衡村福祉センター
　（健康福祉課）
貸出物/乳幼児用（新生児〜4歳未満対応型）、学童用（4歳〜6歳未満）
貸出期間/貸出した日から1年間（継続利用の場合、再度貸出申請が必要）
問/健康福祉課 TEL022-345-0253

せんべい一筋60余年
1枚1枚に気持ちを込めて焼き上げる
手造り"がんこ一徹"せんべい
新商品 これぞ！日本のせんべい
宮城県の真ん中 大衡村特産せんべい
「村しまん」
がんこ一徹
● 村で育った自慢のひとめぼれ
● 県産大豆の醤油
● みちのく寒流のり
ご贈答・ご進物用等に是非ご賞味ください！
地方発送承ります
株式会社 加賀屋
☎0120-725-708
黒川郡大衡村大衡字亀岡7-27
平日のみ工場にて直売も行っております

SEAVAC
SEAVAC株式会社
仙台工場（PVD処理）/
　黒川郡大衡村大衡字萱刈場236-5
　TEL022-344-1077 FAX022-344-1088
本社工場（PVD処理）/
　TEL06-6488-1501
京都工場（PVD処理・熱処理）・小牧工場（PVD処理）
http://www.seavac.co.jp/

達居森と湖畔自然公園
（牛野ダムキャンプ場）

林道を歩き、本格的なハイキングが楽しめます。また、キャンプ場はフリーサイト、炊事場やトイレなどが整備されています。（冬期閉鎖：令和4年12月26日〜令和5年3月下旬）
村都市建設課　TEL022-341-8515

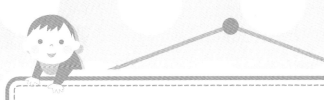

仙塩エリア

子育て行政サービス

生命の誕生と子育ての感動を分かちあい、
子どもたち一人ひとりが光り輝くまち しおがま

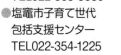
塩竈市

〒985-8501
塩竈市旭町1-1
TEL022-364-1111
人　口／5万2061人
世帯数／2万4025世帯
面　積／17.37平方㌔。
（2022年10月31日現在）

塩竈市キャラクター
桜菓子姫・酒えもん

【主な子育て関連部署】
●子ども未来課
　TEL022-355-7610
●保育課
　TEL022-353-7797
●塩竈市子育て支援センター
　TEL022-363-3630
●塩竈市子育て世代
　包括支援センター
　TEL022-354-1225

ファミリー・サポート事業

「子育ての手伝いをしてほしい人（利用会員）」と「手伝える人（協力会員）」が会員登録し、子育てを援助する。市はその事務局として、会員の登録や紹介などを行う。
対象／●利用会員…市内に在住または勤務している人で、おおむね生後3カ月～小学6年生の子どもがいる人
●協力会員…市内に在住し、援助活動に理解と熱意のある20歳以上の人。登録後、講習会を受ける必要がある
●両方会員…利用・協力会員を兼ねる人
報酬／利用会員は、1回の援助活動ごとに協力会員に直接報酬を支払う
●月～金曜7:00～19:00
　最初の1時間600円以降30分ごとに300円
●土・日曜、祝日、年末年始、上記の時間外
　最初の1時間700円以降30分ごとに350円
申し込み方法／事務局に申し込む

問／事務局（塩竈市子育て支援センター内）
TEL022-363-3631

育児サークル支援・育成

活動のアドバイスや遊びの紹介など、市内で自主的に活動している育児サークルを支援する。わらべうたを中心とした「ぺんたとん」が活動している。支援センター主催の育児サークル「いちごくらぶ」（4月募集）もある。
問／塩竈市子育て支援センター
TEL022-363-3630

つどいの広場

市営梅の宮住宅集会所を利用した、子育て中の親子が交流できるスポット。アドバイザーへの子育てに関する悩み相談や、子育てに役立つ地域情報の収集などができる。
水曜午前（10:00～11:45）は0歳児のみ利用できる「ベビーちゃんの日」。1歳以上の子どもを連れての来館は、月・金曜が可能。11:45～12:30はランチタイムとして、手作り弁当持参を。
駐車スペースが少ないため、徒歩または公共交通機関を利用して来館を。
対象／未就学児とその保護者

開館日時／月・水・金曜（祝日、年末年始を除く）10:00～13:00
利用料／無料
問／つどいの広場 TEL070-6494-3906
（開館時間中のみ）

一時預かり事業

入院や家族の介護、繁忙期の就労や研修、学校行事があるとき、また育児疲れでリフレッシュしたいときなどに、一時的に保育所へ子どもを預けられる。
対象／1歳～就学前で幼稚園などに在籍していない子ども
利用例／●緊急のとき（1事由で2週間以内）…入院、通院、出産、看護、介護、冠婚葬祭、試験など
●私的事由のとき（1カ月7日以内）…リフレッシュ、ボランティア活動、学校行事など
●就労のとき（1カ月64時間未満、6カ月以内）…パート・自営業の繁忙期、就労を目的とした研修時など
実施施設／うみまち保育所（公立）
開／月～土曜8:30～17:00
利用料／1日1700円、半日1000円
　　　　※1日利用の場合は弁当持参
時間外利用／月～金曜8:00～8:30、17:00～18:00
※料金は30分ごとに100円加算
休／日曜、祝日、12月29日～1月3日
※私立ではあゆみ保育園（TEL022-365-4572）、わだつみ保育園（TEL022-369-3462）で実施。詳細は直接問い合わせを
申し込み方法／
直接保育所（うみまち保育所、あゆみ保育園、

蒲鉾の水野
本　店／塩釜市北浜一丁目6番3号
TEL022-361-1411 FAX022-361-1413
水野水産株式会社
本　社／塩釜市北浜四丁目4番14号
TEL022-364-8151代 FAX022-365-3268
ホームページアドレス https://www.mizunosuisan.com

塩釜のこだわりのかまぼこを
皆さまの食卓へ。
塩釜の恵み 高浜
1枚1枚を丁寧に、大切に
日常使いの商品から、高級感のある付加価値商品、高浜独自のお土産商品など、幅広い商品の開発・製造をしております。
株式会社高浜
本社／塩竈市貞山通3丁目1-10
TEL022-367-6111（代表）
FAX022-367-1008
受付時間／9:00～17:00（土・日・祝日除く）

過ごしやすい室内環境をサポートします
SunLight
光触媒で、環境を自然にもどしながら美しく
安全無害な「酸化チタン」を使用
光触媒コーティング
抗ウイルス 抗菌・消臭
繊維加工用塗料
室内用塗料
●建物総合クリーニング・内装リフォーム ●太陽光パネルクリーニング etc
(株)SUN-CLEAN TEL022-361-3716
検索 サンクリーン 検索 塩釜市野田13-11

わだつみ保育園)に連絡し、事前に面接を受ける
問／保育課 TEL022-353-7797

子ども未来課「ファミリーダイヤル」

子育てでつらいとき、困っていることなど

があれば、不安な気持ちを一人で抱え込まず相談を。直通の専用ダイヤルで相談員が対応する。
専用ダイヤル／TEL022-364-1178
相談受付時間／月～金曜8:30～17:15
利用例／子育てや家庭内の悩み、DV、児童虐待等の心配・不安など
問／子ども未来課 TEL022-355-7610

子育て世代包括支援センター「にこサポ」
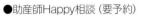

妊娠・出産・子育てのワンストップ相談窓口。子育て支援センター「ここるん」とともに、笑顔の子育てを応援する。誰でも気軽に相談できる。
塩竈市本町1-1 壱番館1階(旧ここるん跡地)
スタッフ／保健師・助産師・栄養士・子育てコンシェルジュ(保育士)
業務内容／母子健康手帳交付・妊産婦健康診査助成・特定不妊治療費助成・パパ&ママクラスⅠ、Ⅱ・助産師Happyコール・助産師Happy相談・新生児訪問・はじめましてにこサポ・育児相談会・離乳食相談・乳幼児健康診査・健康相談・未熟児養育医療給付・各種相談など
開／月～金曜8:30～17:15
休／土・日曜、祝日、年末年始
駐車場／塩竈中央公共駐車場(3時間まで無料)
TEL022-354-1225 (いち・にの・にこサポ!)
Eメールnikosapo@city.shiogama.miyagi.jp

●助産師Happy相談(要予約)
赤ちゃんの身長や体重測定、育児や食事、母乳などについて相談できる。電話・来所・訪問など、一人一人に合った方法を選べる。
●パパ&ママクラスⅠ・Ⅱ(要予約)
赤ちゃんのお世話の仕方や出産準備、母親の産前産後の心身の変化や父親の役割などを伝える。一人での参加も大歓迎。
内容／Ⅰ：育児体験・産後クライシス予防他
　　　Ⅱ：授乳の仕方・おっぱいケア・赤ちゃんの寝床の作り方他(妊娠28週以降がお薦め)
●はじめましてにこサポ
2～4カ月の赤ちゃんとその保護者が対象。親子の交流や産後の相談、さまざまな事業、遊びの場の紹介を行う。
内容／・親子同士の交流
　　　・にこサポ事業、遊びの場の紹介

・市民図書館「えほんデビュー」
・身体測定、個別相談(希望時)
●しおがますくすくアプリby母子モ
自分のスマートフォンで妊婦健診や乳幼児健診などの記録、予防接種を簡単に管理できる。プッシュ通知により、便利に市の子育て情報をタイムリーに受け取ることができる。
対象／主に妊娠期～子育て期(0歳～3・4歳の方)
費用／無料
内容／子育て情報(健診・イベント)配信、予防接種の予定管理、子どもの成長記録、家族共有　等

 母子モ

子育て支援センター

親子が気軽に遊べる場、子育て仲間との出会いの場として自由開放しながら、月に一度「あそびの広場」の開催や育児サークルの支援などを実施する。現在市内では、民間の保育所を含め2カ所で開設している。

■塩竈市子育て支援センター「ここるん」
塩竈市海岸通1-15
もてなし舎2階(うみまち保育所隣り)
業務内容／
●気軽なあそび場としての自由開放
●育児相談(子育てコンシェルジュ)
●子育てに関する情報の発信と提供
●出張ここるんの開催
●育児サークルの育成・支援
●ファミリー・サポート事業の実施
●つどいの広場事業の実施
開／9:30～12:30、13:30～16:00 (11:45～12:30ランチタイムで食事が可能)
休／木曜、祝日、年末年始
駐車場／塩竈中央公共駐車場(3時間まで無料)
TEL022-363-3630
■あゆみ保育園子育て支援センター
塩竈市花立町1-16
業務内容／
●気軽なあそび場としての自由開放
●育児相談
●子育てに関する情報の発信と提供
TEL022-365-4572

自分だけの
オリジナル海鮮丼を作ろう!

塩釜水産物仲卸市場にて
お楽しみいただけます
[営業時間]
平　日6:30～12:00
土日祝6:30～13:00
[定休日] 水曜日
[お問合せ先]
塩釜水産振興センター
TEL022-367-1622

塩釜の美味しい魚、全部アリ☑
塩釜仲卸市場

塩釜市新浜町一丁目20番74号 TEL022-362-5518
http://www.nakaoroshi.or.jp/

多賀城市観光協会キャラクター
たがもん

多賀城市

日々のよろこびふくらむまち 史都 多賀城

〒985-8531
多賀城市中央2-1-1
TEL022-368-1141
人　口／6万2272人
世帯数／2万8110世帯
面　積／19.69平方㌔。
（2022年10月31日現在）

【主な子育て関連部署】
●子ども家庭課・子ども政策課
　国保年金課
　TEL022-368-1141
●すくっぴーひろば
　TEL022-355-7085

子育て世代包括支援センター

　子ども家庭課とすくっぴーひろばが窓口。子育てに関することは何でも相談できる。
＜支援の大きな三つの柱＞
①それぞれの特色を生かした二つの相談機能
●すくっぴーひろばでは、子育てコンシェルジュなどの子育て応援スタッフが相談を受け付ける（水曜、祝日の翌日、年末年始を除く9:00～16:30）
●子ども家庭課では、保健師、助産師、栄養士、歯科衛生士などの専門スタッフが相談を受け付ける（土・日曜、祝日、年末年始を除く8:30～17:15）
②気軽に相談できる「ほっとライン」
　子ども家庭課の保健師や助産師が、電話や

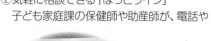

親子で利用できる個室の相談室。安心して相談できる環境となっている

メールでも相談を受け付ける。
●直通専用電話 TEL022-368-1021
　（平日9:00～16:00）
●24時間受け付けのメール

多賀城市ホームページより
「ほっとライン」で検索

多賀城市ほっとライン 🔍

③四つのオリジナル冊子を配布
　妊娠期から出産、子育てに役立つ情報や記録をまとめた冊子を配布する。
●妊娠期から新生児期までの情報をまとめた「はぐはぐ」
●施設や支援制度が掲載されている「子育てガイドブック」
●育児に関するヒントや情報が満載の「すくすく」
●日々の成長記録や健診で活用できる「すこやかファイル」
問／子ども家庭課 TEL022-368-1141
　　すくっぴーひろば TEL022-355-7085

多賀城市子育てサポートセンター「すくっぴーひろば」

　JR仙石線多賀城駅前にある、乳幼児とその家族のための子育て支援施設。託児室や研修室、クッキングスタジオ、赤ちゃんひろば、こどもひろばなどがあり、親子で楽しめる催しを随時開催。市内の子育てに関する情報を提供するほか、ひろばにはスタッフが常駐し、育児相談やママ友づくりの支援を行っている。登録後、利用できる。
対象／乳幼児とその保護者
　　　※乳幼児の安全確保のため、小中学生は入場できない
開／9:00～16:30

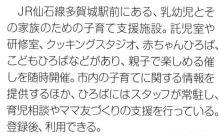

休／水曜、祝日の翌日、年末年始（12月28日～1月4日）
登録料／●多賀城市民……無料
　　　　●他市町村の人…子ども1人につき500円（初回のみ）
＜一時預かり＞
　保育士が託児室で子どもを預かる。理由を問わず利用可能で、事前登録が必要。対象は生後6カ月以上の未就学児。1時間当たりの利用料は多賀城市民が700円（以降30分につき350円追加）、他市町村の人が800円（以降30分につき400円追加）。利用可能時間は、すくっぴーひろば開館時間に同じ。
問／すくっぴーひろば TEL022-355-7085

スタッフの支援が充実しているため、父子のみでも安心して利用できる

ファミリー・サポート・センター

　用事や仕事などで子どもを預かってほしいときなどに、「子育ての援助をしてほしい人（利用会員）」が「子育ての援助をしてくれる人（協力会員）」に報酬を支払い、子どもを預ける援助活動。利用の際は会員登録（無料）が必要。援助活動の調整は事務局が担当し、利用会員と協力会員の面談を事前に行うため、安心して預けられる。万一の事故に備え、補償保険に加入している。
対象／●利用会員…多賀城市に在住し、おおむね生後2カ月～小学6年生の子どもがいる人

今がはじまりの子供たちにとって、何が大切で、何が必要かを、いつも見つめていたいと私たちは考えています。

広い園庭・明るい園舎 心と身の基礎づくり
学校法人化度寺学園 多賀城高崎幼稚園
多賀城市城南2丁目21-1 TEL 022-368-5975
http://www.takasaki1.com/

学校法人化度寺学園
くりの木保育園
認可保育園
保育目標
●心身共に健康で意欲のある子供
●思いやりと豊かな感情を持つ子供
多賀城高崎幼稚園には徒歩5分の場所です
対象児童…生後2か月から2歳児
＊卒園後は姉妹園の多賀城高崎幼稚園へ入園できます
多賀城市東田中一丁目23番15号
TEL 022-794-8845

仕事と育児の両立支援に取り組んでいます
「食」と「癒し」で、次代の一歩先を。
FOODREAM musashino
株式会社 武蔵野
仙台工場
多賀城市栄4-3-3
TEL022-366-2411
FAX022-366-2570

●協力会員…多賀城市に在住し、援助活動への理解と熱意がある18歳以上の人
●両方会員…利用会員と協力会員の両方になりたい人
問/すくっぴーひろば TEL022-355-8041（ファミサポ専用）

子ども医療費助成制度

子どもの医療費（通院費・入院費）を助成し、子育て世帯の経済的負担を軽減する。
対象/市内在住の0〜18歳の年度末までの子ども（生活保護受給者および婚姻歴がある人を除く）
申請方法/対象となる子どもの健康保険証、受給者（保護者等）名義の預金通帳もしくはキャッシュカード、受給者および子どもの個人番号カード（個人番号カードを持っていない場合は個人番号通知カードと官公署発行の写真付き身分証明書）、受給者が1月1日以降に転入した場合は市から前居住市町村に所得状況等を確認するため、同意書の提出が必要
※同意書は市ウェブサイトからダウンロード可能
問/国保年金課 TEL022-368-1141

一時預かり保育

空きがあれば理由を問わず利用できる。
実施場所/●浮島保育所
　　　　　TEL022-368-0440
　　　　　●多賀城バンビの丘こども園
　　　　　TEL022-368-4302
対象/おおむね1歳以上の子ども
保育日時/平日8:30〜17:00
　　　　　土曜8:30〜12:30
休/日曜、祝日、年末年始（12月29日〜1月3日）
　　※多賀城バンビの丘こども園は4月1、2日も休業
利用料/・1日2000円、半日1000円

（給食なしは300円引き）
・布団利用100円（浮島保育所および多賀城バンビの丘こども園）
・雑費100円（多賀城バンビの丘こども園のみ）
申し込み/利用日の2週間前まで、各保育所に直接申し込む（緊急時は2日前まで）
問/子ども政策課 TEL022-368-1141

病後児保育

病気やけがなどの回復期で集団生活が難しく、仕事の都合などで家庭での保育が困難なときに利用できる。
実施場所/下馬みどり保育園
　　　　　TEL022-361-3385
対象/1歳〜小学3年生の子ども
保育日時/平日8:00〜18:00
　　　　　土曜8:00〜17:00
休/日曜、祝日、年末年始（12月29日〜1月3日）
利用料（給食費含む）/
1日2000円、半日（4時間未満）1000円、生活保護世帯は免除
申し込み/事前登録（利用当日でも可）が便利。電話で保育園に直接仮予約後、かかりつけ医などを受診して医師連絡票に記入してもらい、再度電話で予約
問/子ども政策課 TEL022-368-1141

1歳児come☆かむ広場

1歳児は乳児から幼児へと変わる大切な節目の時期。その時期に特に関わりが重要となる「遊び」「栄養」「歯科」の各分野で、保健師、栄養士、歯科衛生士、心理士などから「1歳の時期にどんなことをするといいのか」について話を聞き、実際に子どもと体験しながら楽しく育児のポイントを知ることができる。参考になる子育て情報も充実しているので、親子で参加しよう。
対象/1歳〜1歳2カ月の子どもとその保護者

ダイナミックな親子遊びも好評

※対象の方には、日程など個別に通知
内容/●身体測定（身長・体重）
●体を使った親子遊び、絵本の読み聞かせ
●幼児食への移行ポイントについて
●歯の仕上げ磨き体験、RDテスト（子どもの口から唾液を採って衛生状態を確認するテスト）
●すくっぴーひろばの事業紹介、利用登録
実施場所/すくっぴーひろば
実施日/月1回（日にちは市ウェブサイトや個別通知で確認を）
問/子ども家庭課 TEL022-368-1141

離乳食教室

離乳食の進め方や作り方について、講話や実演、体験を通して学ぶ。実際に食材や器具を使った離乳食づくり体験を行い、家庭でも実践しやすい内容。栄養士の講話、保育士による親子遊びや絵本の読み聞かせなどもある。参加者同士の悩みの解決や交流の場にもなっている。
対象/生後4カ月〜1歳6カ月の子どもとその保護者
実施場所/母子健康センター
実施日/月1回程度（日にちは市ウェブサイトで確認を）
コース/①ごっくんコース（4〜6カ月児）
　　　　②もぐもぐコース（7〜11カ月児）
　　　　③ぱくぱくコース（1歳〜1歳6カ月）
定員/各回10組
参加費/各100円
申込/要予約
問/子ども家庭課 TEL022-368-1141

ロールケーキ、カステラ、パイをメインにした洋菓子店です。
温かみのあるおいしさを味わっていただけるよう心を込めて焼き上げております。
ファソン・ドゥ・ドイのお菓子が皆様に幸せをお届けできたら幸いです。

Fason de Doi ケーキの店 ファソン・ドゥ・ドイ
多賀城市下馬1-1-7 0120-86-3622
営業時間 8:30〜17:00 定休日 月曜日・月に1度不定休あり

多賀城駅北口歯科
すくっぴーひろばのビル1階です
JR仙石線 多賀城駅 北口すぐ
子育てママにも安心
専用駐車場あり
多賀城駅目の前
清潔な環境

診療時間	月	火	水	木	金	土	日祝
9:00〜13:00	○	○	休	○	○	○	休
14:00〜18:30	○	○	休		○	17:00まで	休
14:30〜18:30			休	○	○		休

※祝日のある週の水曜日は振替診療致します

多賀城市中央2丁目8-1 1F TEL 022-253-7468（なしむしば）
http://www.tagajo-shika.com/

育もう!
すこやか笑顔あふれる松島の子

松島町

〒981-0215
松島町高城字帰命院下ー19-1
TEL022-354-5701
人　口／1万3361人
世帯数／5730世帯
面　積／53.56平方㌖
（2022年10月1日現在）

松島町キャラクター
どんぐり松ちゃん

【主な子育て関連部署】
●松島町児童館
　TEL022-354-6888
●町民福祉課こども支援班
　TEL022-354-5798

子育て支援センター

　安心して楽しく子育てできるようにサポート。育児相談、発達障害、赤ちゃん訪問などの活動をしている。
問／松島町児童館 TEL022-354-6888
　　町民福祉課こども支援班
　　TEL022-354-5798

ファミリー・サポート・センター

　子育ての手伝いをしてほしい人（利用会員）と子育ての手伝いができる人（協力会員）が会員登録し、子育てをサポートする。利用会員と協力会員の間に事務局が入り、相互の利用調整を図る。利用会員と協力会員の両方に登録することも可能（両方会員）。
利用時間／7:00～21:00の間で援助を必要とする時間
費用（活動報酬）／
・平日7:00～19:00…1時間当たり600円
・平日19:00～21:00…1時間当たり700円
・土・日曜、祝日、年末年始7:00～21:00
　…1時間当たり700円
事務局開設時間／9:00～17:00
休／土・日曜、祝日、年末年始
問／松島町児童館 TEL022-354-6888
　　町民福祉課こども支援班
　　TEL022-354-5798

児童館

　赤ちゃんから小中高校生までの児童・生徒が自由に遊びに来ることができる。子どもたちは「遊び」を通じて考え、決断し、行動し、責任を持つという「自主性」「社会性」「創造性」を身に付ける。
　松島町児童館では、子どもたちや子育て世代の親が地域で安心して生活できるよう、子育てグループやジュニアボランティアの育成、親子教室などを行っている。また子育て家庭の子どもたちが安定した放課後を過ごせるように、登録制で毎日学校から直接来館する留守家庭児童学級（放課後児童クラブ）も開設している。
<未就学児親子向け>
●遊びの広場
　午前中は親子でゆったり自由に過ごせる。未就学児は保護者同伴で利用を。
●親子教室
　親子あそびの会「なかよし教室」（月1回）、読み聞かせの会（月1回）、リズム遊びの会（年6回）、親子体操（ヨガ教室、3B体操）、人形劇鑑賞会など。
●子育ての相談
　赤ちゃんほっとサロン（月1回）、どんぐり保健室（月1回）。町の保健師、栄養士に「あのね、○○について聞きたいんだけど…」と気軽に相談できる。
<小・中・高校生向け>
●自由来館
　原則、小学生から1人で来館可能。ランドセル、かばんを家に置いてから来館を。ルールを守って友達と楽しく遊ぼう。
●各種イベント
　目指すは「きっかけづくり」。松島町児童館では子どもたちがさまざまな体験や手伝いをすることで新しい分野に興味を持ったり、得

意なことに気がついたり、より良い将来につながるようなきっかけづくりをしている（クッキング、工作、スポーツなど）。また、地域の方とのつながりや異年齢交流を目的にこどもまつり、ハロウィーンパーティー、クリスマスパーティーなど、未就学児親子から小中高生までみんなで楽しめる季節のイベントを開催している。

児童館のイベントの様子

<留守家庭児童学級（放課後児童クラブ）>
　両親・祖父母が仕事や介護などのために日中留守にする家庭の小学1～6年児童を対象に、下校後安心して過ごせるよう遊びや生活の場を提供し、健全な育成を図ることを目的として松島町留守家庭児童学級を開設している。学校から直接各学級に通級する。
開／・児童館…9:00～19:00
　　・留守家庭児童学級…下校後～19:00（土曜、長期休業期間、振替休日は7:30～19:00）
休／児童館、留守家庭児童学級…日曜、祝日、年末年始
問／松島町児童館 TEL022-354-6888
　　町民福祉課こども支援班
　　TEL022-354-5798

子ども医療費助成制度

　所得に関係なく、対象年齢の町民の医療費を助成する。
対象年齢（通院・入院）／
0歳から18歳に到達する最初の年度末まで
※保険診療分の自己負担は無料。ただし、保険適用外のもの（健診、予防接種、入院時食事代、室料、容器代等）は対象とならない
問／町民福祉課福祉班 TEL022-354-5706

開山創建360余年
小谷山 西光院
松島樹木葬
永代供養塔
生前予約も受付可です。
●JR品井沼駅より徒歩10分
●松島北ICより車で5分
●仙塩地区・黒川郡からは特にアクセス良好
2日前までにご予約いただければ送迎いたします
過去の宗旨・宗派は問いません。どなたでもお求めいただけます。墓地区画の目の前まで駐車可能。足の不自由な方、ご高齢の方でも快適にお参りできます。
お問合せは 松島町幡谷字観音52
0120-23-4114 松島 西光院 検索

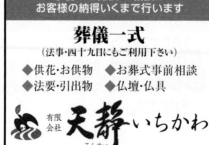

事前のお見積・ご相談は
お客様の納得いくまで行います
葬儀一式
（法事・四十九日にもご利用下さい）
◆供花・お供物　◆お葬式事前相談
◆法要・引出物　◆仏壇・仏具
有限会社 天静いちかわ
てんせい
お見積・受付は 022-354-2611
24時間・365日・年中無休

松島町文化観光交流館
アトレ・るHall
観光インフォメーションルーム
開館時間 ■午前9時～午後5時
　　　　　（夜間利用がある場合は午後9時まで）
休 館 日 ■年末年始・月曜日
　　　　　（月曜日が祝日の場合は翌日が休館）
駐 車 場 ■150台（内障害者用5台）
松島町磯崎字浜1-2 TEL022-355-0155

つどう・つながる・ささえあう

🔵 七ヶ浜町

〒985-8577
七ヶ浜町東宮浜字丑谷辺5-1
TEL022-357-2111
人　口　1万8055人
世帯数　6834世帯
面　積　13.19平方㌔。
（2022年10月1日現在）

観光キャラクター
ぼっけのボーちゃん

【主な子育て関連部署】
● 子育て支援センター
　TEL022-362-7731
● 子ども未来課
　TEL022-357-7454
● 教育総務課
　TEL022-357-7440

○ 子育て支援センター

未就学児とその保護者を対象に、親子向けの遊びなど、さまざまな事業を実施している。事業の一例は下記の通り。

● すまいる広場
子どもと親が一緒に遊べる広場で、母親同士の情報交換、仲間づくりの場にもなる。広い園庭には遊具がある。保育士が子育ての相談に応じる。
開／平日9:00〜17:00

● ママお茶会
ボランティアによるお茶会。その場で入れる抹茶と手作り菓子でほっこりできる。
開／第3水曜10.00〜11:00
※ボランティアの都合で休む場合もある

● お楽しみカード
利用する子どもに配布しているカード。利用時に配布されるシールを10枚集めると、プレゼントがもらえる。
問／子育て支援センター
　TEL022-362-7731

○ 子育て支援ガイドブック

子育て支援に関する情報を、分かりやすく使いやすいように提供することを目的として、子育て支援ガイドブックを子ども未来課、子育て支援センターで配布している。乳幼児健診や予防接種、食育、緊急医療機関、各種相談などを紹介。町ポータルサイトでも閲覧できる。
問／子ども未来課
　TEL022-357-7454

○ 子育て支援センター便り「すまいる通信」

子育て支援に役立つ情報やイベントの案内など、情報満載の「すまいる通信」を毎月発行している。配布場所は子育て支援センター。町のウェブサイトからPDFをダウンロードしても閲覧できる。
問／子育て支援センター
　TEL022-362-7731

○ 一時保育

子ども未来課に事前登録すれば利用できる。
対象／生後1年から就学前までの子ども
登録内容／● 私的理由保育…私用、リフレッシュなど理由は問わず週2回まで利用可能
● 特定保育…就労している人で、週3回まで利用可能
● 緊急保育…入院、看護、出産などで、2週間まで利用可能
実施場所／遠山保育所内かきのみ組
保育時間／平日8:30〜17:00
休／土・日曜、祝日、年末年始
・1日保育：保育料3歳未満1300円、3歳以上1000円、おやつ・給食代300円
・午前保育：保育料700円、おやつ・給食代300円
※登録年度4月1日時点での年齢
問／子ども未来課
　TEL022-357-7454

園庭には楽しい遊具がそろう（子育て支援センター）

子育て支援センターではクリスマス会など季節のイベントを開催

リゾートフィットネス！　七ヶ浜健康スポーツセンター
スパが充実！　アクアリーナ
海を眺めながらトレーニング

海水浴『うみみつあみ』
全国でも珍しい海水のお風呂。
健康増進やエステに効果が期待できます。
※施設料のみで利用可　●別途タオル料（110円）

有酸素マシン
全台テレビ付き

◆リラックスルーム
◆トレーニングルーム（フィットネスゾーン）
◆フィットネススタジオ（フィットネスゾーン）
◆アリーナ
◆フィットネスゾーン（フィットネスゾーン）
◆フィットネスプール

利用料金	全施設利用可能		フィットネスゾーンのみ利用可能
大人	【平日】880円	【土・日・祝】1,320円	440円
小・中学生60歳以上	【平日】440円	【土・日・祝】660円	220円

※詳しくはお問い合わせください。※料金は税込
お問い合わせ・お申し込みは
七ヶ浜町吉田字野山5-1　地震の影響により、体育館が使用出来ません。
TEL022-357-7890　アクアリーナ七ヶ浜　検索
利用時間／午前10時〜午後9時30分（最終チェックイン午後9時）
12月〜3月／午前10時〜午後8時30分（最終チェックイン午後8時）
休／毎週月曜日　※施設点検等により臨時休館する場合があります。　「七ヶ浜アクアリーナ」で検索！

SANWA

一般住宅塗装・各種塗装工事承ります。
昭和32年創業　塗装一筋

橋梁塗装・鉄骨塗装・建築塗装・ブラスト工事
有限会社三和建装工業所
宮城県知事許可第16646号
〒985-0821　宮城県宮城郡七ヶ浜町汐見台5丁目2-14
0120-546-658　三和建装工業所　検索

arrow's 株式会社
代表取締役　神宮司　貴行
宮城郡七ヶ浜町吉田浜字台23番地の5
未来の子どもたちを応援しています

七ヶ浜ヤンキーススポーツ少年団　随時団員募集中！
お問い合わせ　taka728iph@i.softbank.jp

遊ぶことを大切にし、自ら考え、行動し、
心豊かに育つために

♥ 利 府 町

〒981-0112
利府町利府字新並松4
TEL022-767-2111
人　口／3万5988人
世帯数／1万4019世帯
面　積／44.89平方㌔
（2022年10月31日現在）

利府町公式キャラクター
十符の里の妖精
リーフちゃん
RIFU

【主な子育て関連部署】
● 子ども支援課
　TEL022-767-2193
● 健康推進課
　子ども家庭センター
　TEL022-356-6711

子育て支援ガイドブック

　子育てに関わる人の手助けをし、育児不安を少しでも解消できるよう、各種制度や医療機関、町内の遊び場マップ、相談窓口の案内など、子育てに関するさまざまな情報を紹介している。内容は「妊娠が分かったら」「子育てと仕事の両立支援」「子育て支援事業」など。母子健康手帳交付時や町外からの転入時（小学生以下の子どもがいる世帯が対象）に配布している。希望者には町役場1階の子ども支援課でも対応している。また、町ウェブサイトからも閲覧できる。
問／子ども支援課　TEL022-767-2193

児童館

　乳幼児や保護者対象の講座や、小学生以上対象の体験学習などのさまざまな講座や相談事業、地域の人との交流事業を実施している。18歳未満の児童と保護者が利用できる。

東部児童館

西部児童館

● 東部児童館
　利用日時／月〜土曜9:00〜18:00

TEL022-767-8150
● 西部児童館
　利用日時／月〜土曜9:00〜18:00
　TEL022-781-9895
問／子ども支援課　TEL022-767-2193

子育て広場

　親子で遊べる広場が6カ所あり、さまざまな講座や相談事業を実施している。
● ペア・きっず（東部児童館内）
　利用日時／月〜土曜9:00〜15:00
　TEL022-767-8150
● りふ〜る（西部児童館内）
　利用日時／月〜土曜9:00〜15:00
　TEL022-781-9895
● 十符っ子（社会福祉協議会2階内）
　利用日時／月〜金曜9:00〜15:30
　　　　　　（第2・4水曜は休館）
　TEL022-767-2195
● ぽかぽか（青山すぎのここども園内）
　利用日時／月〜金曜9:00〜15:00
　TEL022-767-8841
● ありのみ（アスク利府保育園内）
　利用日時／月〜金曜9:30〜15:00
　TEL022-349-0611
問／子ども支援課　TEL022-767-2193
● ぺあっこ（保健福祉センター内）
　利用日時／月〜金曜9:00〜15:00
　TEL022-356-6711
問／健康推進課子ども家庭センター
　　TEL022-356-6711

病後児保育

　病気の回復期にあり、集団保育が困難な期間に子どもを仙塩利府病院病後児保育室で一時的に預かる。
保育日時／月〜金曜（祝日を除く）
　　　　　8:00〜18:00
対象／利府町に住んでいる、保育所などに入所中または小学生の子ども
問／子ども支援課　TEL022-767-2193
　　仙塩利府病院病後児保育室（はぐるーむ）
　　TEL022-355-4809

ファミリーサポートセンター

　町民相互の支援活動を組織化し、地域全体で子育てを支援する。ファミリーサポートセンターは、子育ての支援を受けたい人（利用会員）と子育ての支援をしたい人（協力会員）が会員となり、お互いに信頼関係を築きながら育児について助け合う。入会後、センター職員（アドバイザー）が会員間の支援活動の調整を行い、活動を支援する。
対象／● 利用会員…利府町に在住で、生後2カ月から小学6年生までの子どもがいる人
　　　● 協力会員…利府町に在住で、20歳以上の心身ともに健康な人。性別や資格は問わない。町で実施する講習を受講する必要がある
　　　● 両方会員…用事があるときには支援を受けたいけれど、余裕があるときには支援したいという人
利用時間・報酬基準額（一人当たり）／
● 平日7:00〜19:00…1時間600円
● 平日19:00〜21:00…1時間700円
● 土・日曜、祝日、年末年始
　7:00〜21:00…1時間700円
開設時間／9:00〜16:00
問／事務局　TEL022-767-2195

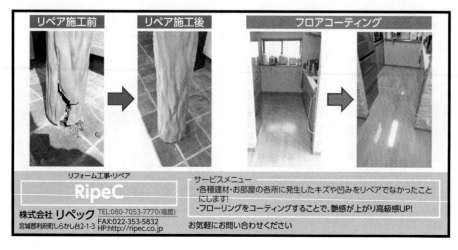
リペア施工前　リペア施工後　フロアコーティング

リフォーム工事・リペア
RipeC
株式会社 リペック　TEL:080-7053-7770（福館）
宮城郡利府町しらかし台2-1-3　FAX:022-353-5832
HP:http://ripec.co.jp

サービスメニュー
・各種建材・お部屋の各所に発生したキズや凹みをリペアでなかったことにします！
・フローリングをコーティングすることで、艶感が上がり高級感UP！
お気軽にお問い合わせください

骨材販売・産業廃棄物
土木建築・解体
（許可番号0424055198）（般-28第14548号）
有限会社 晃 進
宮城郡利府町春日字寒風沢57-3
TEL022-356-8529
FAX022-356-7989
支社TEL022-364-0419

名亘エリア

子育て行政サービス

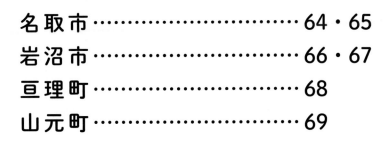

元気な都市・名取

名取市

〒981-1292
名取市増田字柳田80
TEL022-384-2111
人　口／7万9597人
世帯数／3万2857世帯
面　積／98.17平方㌔
（2022年10月31日現在）

名取市子育て支援キャラクター
なとりーな

名取市子育て支援キャラクター
なとりーな

【主な子育て関連部署】
● こども支援課
　TEL022-724-7118
● 保健センター
　TEL022-382-2456

子育て支援センター・子育てひろば

　子育て中の親子がゆったりとくつろぎながら遊べるサロン。子育てに関するイベントも開催している。
● 対象／市内在住の0歳〜就学前の子どもとその保護者
● 開設日時
・高舘あおぞら保育園 子育てサロン「りんご組」
　開／月〜金曜 10:00〜12:00、14:30〜16:00
・増田児童センター 子育てひろば「ぴよぴよハウスinますだ」、那智が丘児童センター子育てひろば「ぴよぴよハウスinなちがおか」、下増田児童センター 子育てひろば「ぴよぴよハウスinしもますだ」
　開／月〜金曜9:00〜17:00
・本郷小規模保育所 子育てひろば「きららルーム」
　開／月〜土曜9:00〜12:00、14:30〜17:00
● 利用料／無料
　※利用時間などが変更になる場合があるため、利用する際は施設に問い合わせを
問／高舘あおぞら保育園子育て支援センター
　TEL022-381-2031
　増田児童センター子育てひろば
　TEL022-381-1305
　那智が丘児童センター子育てひろば
　TEL090-2849-2051
　下増田児童センター子育てひろば
　TEL022-724-7978

本郷小規模保育所 子育てひろば
TEL080-9637-8084

名取市子育て支援拠点施設「coco l' II（ここいる）」

ここいる内観

　0歳から就学前までの乳幼児親子のための専用ひろば。子育てに関するイベントも開催している。
対象／市内在住の0歳〜就学前の子どもとその保護者（市外在住者も利用可）、プレママ・パパ
休／水曜（祝日を除く）、祝日の翌日（土・日曜、祝日は開館）、年末年始
開／10:00〜17:00
利用料／無料
利用方法／市内在住者は利用登録、市外在住者は入館手続きを行う
場所・問／イオンモール名取3階あおばコート
　名取市杜せきのした5-3-1
　TEL022-281-8172

一時預かり事業

　保育園や幼稚園に在籍していない未就学児を一時的に保育する。
● 利用区分／
・一時的利用
　一時的な保護者の入院や通院、看護、出産、冠婚葬祭、災害、事故、求職活動、兄弟や姉妹の行事参加、非定期的就労（臨時的なアルバイトや自営業の繁忙期）など。育児疲れの

解消を目的とした利用も可。月12日まで利用でき、保護者の入院などを理由にする場合は最大1カ月継続も可能。
・定期的利用
　保護者が週3日以内の就労で保育が困難な場合、利用登録した年度のうち必要な期間に利用できる。
● 対象／市内在住で満6カ月〜就学前の集団での保育が可能な子ども
● 利用時間／7:30〜18:00（日曜、祝日、年末年始を除く）※午前のみ、午後のみの利用可
● 利用料／午前または午後800円
　（3歳以上は500円）
　1日1600円（同1000円）
　※午前または1日利用の場合は別途給食費300円
● 申し込み／
・一時的利用の場合
　利用前に利用を希望する施設で面接をし、利用登録をする。登録後、利用希望日を電話で予約し、利用申請書を提出する。利用を希望する際は各施設に問い合わせを。
・定期的利用の場合
　新年度からの利用申し込みは申込受付日（例年2月中旬）から、利用を希望する施設へ直接電話で申し込む。利用可能となった場合に施設で面接を実施する。年度途中から利用する場合は各施設へ問い合わせを。
場所・問／名取が丘保育所
　（名取市名取が丘2-6-1）
　TEL022-384-1853
　高舘あおぞら保育園
　（名取市高舘熊野堂字五反田山1-2）
　TEL022-381-2011
　名取みたぞの保育園
　（名取市美田園5-3-5）
　TEL022-784-1020（一時的利用のみ）

eco palette
エコパレットなとり
ガスショールーム キッチンスタジオ
最新のガス機器で誰でも料理が体験できます

住まいと暮らしのトータルライフソリューションカンパニー
仙南ガス株式会社
代表取締役　片平 浩和
〒981-1227 名取市杜せきのした5丁目31-9
TEL022-381-4141 FAX022-381-5934
0120-008-141 仙南ガス 検索

chouette studio【シュエットスタジオ】
宮城県名取市増田柳田395番地1号101 ☎022-707-1000
撮影ご依頼、スタジオ見学など随時受付中！お気軽にどうぞ☆
Instagram

暮らしに新しいゆとりを
キッチン　バス　トイレ　外装・外壁　屋根

IKOI JUSETSU CORPORATION 株式会社 いこい住設
名取市飯野坂1-7-3 TEL022-382-2717
http://www.ikoi-jusetsu.co.jp/

愛の杜めぐみ保育園
（名取市愛の杜1-2-10）
TEL022-226-7466 ※事業休止中

放課後児童クラブ

那智が丘児童センター

就労などで保護者が昼間いない家庭の子どもを預かる（定員は地区によって異なる）。

利用時間・利用料／
●増田・名取が丘・増田西・館腰・相互台・ゆりが丘・那智が丘・下増田・愛島・閖上放課後児童クラブ…月〜金曜 放課後〜18:00 月額3000円
●高舘放課後児童クラブ…月〜金曜 放課後〜16:30（11〜2月は16:00まで） 月額1500円（18:00まで預かりの場合は月額3000円）
※全放課後児童クラブで18:00〜19:00まで延長可（別途月額1000円）
※土曜は増田・増田西・那智が丘児童センターで実施（8:00〜17:00、日額500円）
※長期休業日と振替休日は8:00から利用可
※同一世帯の2人目以降は全料金が半額
※土曜、長期休業、振替休日の利用は各施設に問い合わせを
休／日曜、祝日、年末年始
問／増田放課後児童クラブ
　　TEL022-382-4567
　　名取が丘放課後児童クラブ
　　TEL022-382-1256
　　閖上放課後児童クラブ
　　TEL022-385-2707
　　増田西放課後児童クラブ
　　TEL022-384-6791
　　館腰放課後児童クラブ
　　TEL022-383-9170
　　相互台放課後児童クラブ
　　TEL022-386-5023
　　ゆりが丘放課後児童クラブ
　　TEL022-386-5298

那智が丘放課後児童クラブ
TEL022-386-2051
下増田放課後児童クラブ
TEL022-382-1345
愛島放課後児童クラブ
TEL022-382-1213
高舘放課後児童クラブ
TEL022-382-1010（14:00〜17:30）

病後児保育事業

保護者の勤務の都合などの理由で、病気の回復期の子どもの保育ができない場合、専用の保育室で看護師・保育士が一時的に預かる事業。利用する際はかかりつけ医師の判断が必要。
対象／市内在住の1歳〜小学6年生の病気回復期の児童。実施施設以外の保育園児、幼稚園児、家庭で子育てをしている人も必要に応じて利用できる
利用時間／8:00〜18:00（土・日曜、祝日、年末年始を除く ※愛の杜めぐみ保育園は土曜利用可）
利用料／1時間240円（飲食物300円別途負担）、1日2400円
申し込み／事前の登録・予約が必要。利用登録、予約は直接各施設に問い合わせを
場所・問／名取みたぞの保育園
　　　　　（名取市美田園5-3-5）
　　　　　TEL022-784-1020（代）
　　　　　TEL022-784-1031（直通）
　　　　　愛の杜めぐみ保育園
　　　　　（名取市愛の杜1-2-10）
　　　　　TEL022-226-7466（代）
　　　　　TEL070-1143-2332（直通）

子育て世代包括支援センター事業

妊娠前から子育て期に関するさまざまな相談や情報提供を行い、子育てに関わる関係機関や医療機関と連携しながら、切れ目なく支援する。
開／平日9:00〜16:30

子育てガイド なとりっこ 22

乳幼児期の教育・保育・子育て支援施設の情報を中心に、市の子育て支援についてまとめたリーフレット。保育所、児童センター、地域型保育事業、子育て支援センターといった施設のほか、医療機関や親子で遊べる公園などの情報もまとめている。市役所1階のこども支援課窓口などで配布している。
問／こども支援課 TEL022-724-7118

対象／妊娠前および妊娠期〜子育て期（乳幼児期）の保護者
問／保健センター TEL022-382-2456

子育てコーディネーター

市役所のこども支援課窓口で、子ども・子育ての支援に関する相談や援助、情報提供、関係機関との連絡調整、保育施設の利用に関する相談受け付けなどを実施している。
利用日時／平日9:00〜17:00
対象／子育て中の保護者
問／こども支援課 TEL022-724-7181

子ども医療費助成

子どもの保険適用医療費を助成している。申請には、対象となる子どもの健康保険証、受給者（親）名義の預金通帳もしくはキャッシュカード、受給者と配偶者の個人番号カードが必要。
助成内容／0歳〜高校3年生の通院・入院費
問／こども支援課 TEL022-724-7119

ホームセンタームサシ 名取店
安心安全なまちづくり 災害時応援協力事業所
豊かな暮らしを更に広げる専門店群
J-Quest 食品館イトー スモリの家
DAISO キッズワールド てとろって スター★Bさん
名取市 愛島郷1丁目1番地1
☎022 381-0634
P1000台
営業時間 AM9:00〜PM7:30
キャンペーン情報・新着情報を配信！ホームページをチェックしよう！

YOSHIKAWA
冷暖房・空気調和
給排水衛生工事・設計施工
株式会社 吉川設備
代表取締役 吉川 幸一
名取市増田一丁目4番7号
TEL022（382）2840 FAX022（384）2547

名取市図書館
小さなお子様対象の「おはなし会」を行っています
名取市増田四丁目7-30 TEL022-382-5437
名取市図書館 検索

iがあふれる"健幸"先進都市

▽ 岩沼市

〒989-2480
岩沼市桜1-6-20
TEL0223-22-1111
人 口／4万3725人
世帯数／1万8650世帯
面 積／60.45平方㌔
（2022年9月30日現在）

岩沼市マスコットキャラクター
岩沼係長

【主な子育て関連部署】
● 健康増進課健康対策係
　 TEL0223-23-0794
● 子ども福祉課保育支援係
　 TEL0223-23-0826
● 岩沼市子育て支援センター
　 TEL0223-36-8762
● 東子育て支援センター
　 TEL0223-35-7767

○ 子育て支援センター

　「子育て支援センター」は、地域全体で子育てを応援するために、親子が自由に遊べる「遊び場の提供」や子育て中の親子の「交流の場の提供」、子育てが楽しくなる「事業や講座」の実施、子育てに関する「情報の提供」、「相談・援助」、「子育てボランティアの育成」、「子育てサークルの育成」を行っている。
● 子育て支援センター
開／月～土曜（土曜は施設開放のみ）
　　9:00～17:00

岩沼市子育て支援センター（みなみプラザ）

休／日曜、祝日、年末年始
対象／未就学児とその保護者
利用
・登録不要
・飲食スペースで指定の時間に飲食可
・授乳室、給湯室あり
・未就学児専用の館庭あり
問／TEL0223-36-8762
● 東子育て支援センター
開／月～金曜9:00～17:00
休／土・日曜、祝日、年末年始
対象／未就学児とその保護者
利用
・入館時に名前記入
・飲食スペースで指定の時間に飲食可
・授乳室、給湯室あり
・未就学児専用の館庭あり
問／TEL0223-35-7767
● 地域子育て支援センター「J'sキッズ」
開／月～金曜9:00～17:00
休／土・日曜、祝日、年末年始
対象／未就学児と保護者
利用
・入館時に名前を記入

東子育て支援センター（東保育所併設）

・飲食スペースで指定の時間に飲食可
・授乳室、給湯室あり
問／TEL0223-36-9853
● （仮称）西子育て支援センター
　※2023年度中に開館予定

○ ファミリー・サポート・センター事業（ファミサポ）

　子どもを預けたい人（依頼会員）と子どもを預かる人（協力会員）がそれぞれ会員登録し、地域で子育てを支援する有償ボランティア事業。保護者の通院や家族の介護、冠婚葬祭、買い物、美容院など理由は問わない。主な活動内容は事務局に問い合わせを。
● 活動内容
・協力会員の自宅で子どもを預かること
・岩沼みなみプラザ内で子どもを預かること
・保育施設までの送迎を行い、子どもを預かること（送迎のみは不可）
● 対象
依頼会員
・市内に在住もしくは勤務している人
・2カ月～小学6年生の子どもがいる人
協力会員
・市子育て支援センターに協力会員として登録している人
両方会員
・上記会員の両方を兼ねる人
※各会員とも事前登録が必要
● 利用料（子ども1人を預ける場合）
月～金曜7:00～19:00 1時間700円
※その他の曜日や時間に関しては下記まで問い合わせを
問／ファミリー・サポート・センター事務局
　　（岩沼みなみプラザ内）
　　TEL0223-36-8763

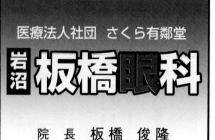

医療法人社団　さくら有鄰堂
岩沼　板橋眼科
院 長　板 橋　俊 隆
岩沼市桜4-6-16
TEL0223-22-2611

板橋コンタクト
営業時間／〈月・水・金〉9:00～18:00
　　　　　〈　火　〉8:30～17:30
　　　　　〈木・土〉8:30～12:30
休 業 日／日曜日・祝日
HP　http://ita-con.com/
岩沼市桜四丁目6-16
TEL・FAX0223-22-4450

賃貸アパートの仲介・管理
不動産売買・相談
岩沼土地開発(株)
アパマンショップ岩沼店
代表取締役　齋 敦子
子育て応援
岩沼市中央1丁目5-24
営業時間／9:00～18:00
定休日／水曜日
岩沼市商工会キャラクター　コンタくん
TEL0223-22-2024 FAX0223-22-4949
岩沼土地　検索

放課後児童クラブ

　児童館などで市内の小学校に通学する1〜6年生を預かる。保護者(75歳未満の同居の祖父母なども含む)全員が留守にしている場合に利用できる。

●加入要件
・児童の放課後に就労または就労を目的とした各種学校に就学している場合
・常時家族の介護や看病に当たっている場合
・妊娠や出産または疾病により入院、自宅療養が必要な場合
・身体障害者手帳1〜3級または療育手帳か精神保健福祉手帳を有し、かつ子育てが困難であることを示す診断書がある場合
・その他、児童クラブへの入所が必要と市長が認めた場合

開/月〜土曜
利用時間/月〜金曜 放課後〜19:00
　　　　　土曜 8:00〜18:00
　　　　　学校休業日 8:00〜19:00
休/日曜、祝日、年末年始
問/各児童館(右枠内)

学　　区	放課後児童クラブ名	問
岩沼小	北児童センター放課後児童クラブなかよしクラブ すずかけ放課後クラブ げんきクラブ	TEL0223-22-2857 (北児童センター)
岩沼南小	南児童館放課後児童クラブなかよしクラブ みなみっこクラブ	TEL0223-22-3852 (南児童館)
玉浦小	東児童館放課後児童クラブなかよしクラブ ひがしっこクラブ	TEL0223-25-0455 (東児童館)
岩沼西小	西児童センター放課後児童クラブなかよしクラブ にしっこクラブ ただいまクラブ おかえりクラブ	TEL0223-22-4677 (西児童センター)

親子で一緒に運動遊び(子育て支援センター)

お昼の読み聞かせ会(東子育て支援センター)

てくてくくらぶ(子育て支援センター)

さまざまな玩具で遊べる(東子育て支援センター)

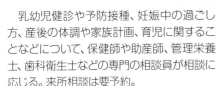
赤ちゃんホットライン・ママの相談

　乳幼児健診や予防接種、妊娠中の過ごし方、産後の体調や家族計画、育児に関することなどについて、保健師や助産師、管理栄養士、歯科衛生士などの専門の相談員が相談に応じる。来所相談は要予約。
開/月・水・金曜(祝日を除く)9:00〜16:30
相談電話/TEL0223-22-2754
問/健康増進課 TEL0223-23-0794

親子ふれあい絵本交付事業

　絵本を通じて親子の絆を強め、子どもが豊かな心を育み健やかに成長できるよう実施している。1歳8カ月の子どもを対象に、成長に配慮した選択ができるよう推薦した21冊から希望の絵本を2冊と絵本バッグを無料で交付する。

問/子育て支援センター
　 TEL0223-36-8762

子ども医療費助成制度

　市内在住の0歳から18歳に達する年度の末日までの人で、健康保険(岩沼市国民健康保険、各種社会保険、国保組合)に加入している人の保険適用医療費を助成する(所得制限なし)。申請には資格登録申請書、保護者の個人番号カードまたは顔写真付きの公的身分証明書、子どもの健康保険証、保護者名義の普通預金通帳が必要。
助成内容/子どもの入院費、通院費(医科、歯科、調剤)、訪問看護費など
問/健康増進課 TEL0223-23-0809

千年希望の丘
MILLENNIUM HOPE HILLS
千年希望の丘を散策しよう
二野倉公園

　二野倉公園は、仙台空港から南へ約4kmに位置し、宮城県農業高校の生徒たちが整備した「桜広場」や震災遺構の石蔵があります。また、近くにはバーベキュー広場や大型遊具を備えた岩沼海浜緑地南ブロック(ジュニパーク岩沼)や羊の牧場・農園・広場・ドッグランで親しまれている「いわぬまひつじ村」があります。

所在地/岩沼市下野郷字浜177番地外　問/千年希望の丘交流センター TEL0223-23-8577

千年希望の丘交流センター
開館時間 9:00〜17:00
休 館 日 毎週火曜日
　　　　 (祝日の場合は翌日)
　　　　 年末年始
　　　　 (12月26日〜翌年1月7日)
　　　　 ※新型コロナウイルス対策についてはホームページをご確認ください

グリーンピア岩沼
〜輝く自然、あふれる健康〜

　岩沼市街地から車で約10分の丘陵地に広がる、豊かな自然に囲まれた生涯学習と健康増進の拠点施設です。

　プール、スポーツ施設の他、自然散策コースや野外活動施設、こども広場など、自然と触れ合える設備が充実しています。

所在地/岩沼市北長谷字切通1-1
TEL0223-25-5122

グリーンピア岩沼 検索

また来たくなるまち・
ずっと住みたくなるまち わたり

亘理町

〒989-2393
亘理町字悠里1
TEL0223-34-1111
人　口／3万3348人
世帯数／1万3180世帯
面　積／73.60平方㌔
（2022年9月30日現在）

亘理町観光PRキャラクター
わたりん・ゆうりん

【主な子育て関連部署】
● 子ども未来課
　TEL0223-34-1225
● 中央児童センター
　TEL0223-34-2752
● 地域子育て支援センターわたり
　（中央児童センター内）
　TEL0223-32-0720
● 子育て世代包括支援センター
　（保健福祉センター内）
　TEL0223-34-7505
● ファミリー・サポート・センター
　（保健福祉センター内）
　TEL0223-23-1290

支援センターでの親子遊び

問／中央児童センター TEL0223-34-2752
　　地域子育て支援センターわたり
　　TEL0223-32-0720

中央児童センター
（地域子育て支援センターわたり）

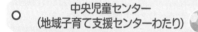

　子育て中の親子が楽しく遊べ、情報交換や相談もできる場を提供している。児童クラブ室、自由来館児室、多目的ホール、スタジオなどがあり、幅広い年代の子どもが利用できる。
● 未就学児と保護者
開／月〜金曜、第1・3日曜9:00〜15:00
休／土曜、第2・4・5日曜、祝日、年末年始
　　※変則的に金曜が休みの場合あり
● 小学生
開／月〜土曜、第1・3日曜9:00〜12:00、
　　13:00〜16:30（11〜2月は16:00まで）
休／第2・4・5日曜、祝日、年末年始
● 中学・高校生
開／月〜土曜、第1・3日曜9:00〜12:00、
　　13:00〜19:00（土曜、第1・3日曜は
　　17:00まで）
休／第2・4・5日曜、祝日、年末年始
● 利用料／無料

ファミリー・サポート・センター

　地域において、子どもを預けたい人（利用会員）と預かることができる人（協力会員）が共に会員となり支え合う子育ての援助活動。利用会員登録随時受け付け中。
● 活動内容
・保育所（園）、幼稚園、学校、習い事への送迎やその前後の預かり
・通院、学校行事、買い物、保護者のリフレッシュ時の預かり
● 対象
利用会員
・町内に在住または勤務する人で生後2カ月〜小学6年生までの子どもがいる人
協力会員
・町内に在住する20歳以上の人で町が実施する協力会員講習会を修了した人
● 利用料（活動報酬）
・月〜金曜7:00〜19:00 1時間700円
・上記以外の時間、土・日曜、祝日、年末年始 1時間800円
※送迎は別途加算
問／ファミリー・サポート・センター
　　TEL0223-23-1290

子ども医療費助成

　子どもの保険適用医療費を助成している。申請には対象となる子どもの健康保険証（子どもの健康保険証が健康保険組合、共済組合などに加入の場合は、登録申請書の裏面に職場または保険者が記入した付加給付に関する証明が必要※登録申請書は窓口に備え付け）、保護者名義の預金通帳、印鑑が必要。詳細は下記まで問い合わせを。ただし、生活保護を受けている世帯は助成を受けられない。
助成内容／0〜18歳（高校3年生卒）までの子どもの入院・通院費を助成する（保険適用分のみ）
問／子ども未来課 TEL0223-34-1225

子育て世代包括支援センター

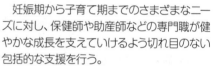

　妊娠期から子育て期までのさまざまなニーズに対し、保健師や助産師などの専門職が健やかな成長を支えていけるよう切れ目のない包括的な支援を行う。
●「こども発達・発育・母乳ミルク相談」他
　専門職（助産師・保健師・歯科衛生士・栄養士・心理士・保育士・利用者支援相談員）が子育ての相談に対応する。（申し込み制）
●「わたりんママのはぴねすサロン」
　妊娠中から子育て中の方まで、子連れでも一人でも参加できるおしゃべりサロン。（申し込み制 月1回、5組まで）
● 亘理町子育て応援アプリ
　「子育て応援わたりんナビ」
　健診や予防接種の情報、相談の予約などができる。
問／子育て世代包括支援センター
　　TEL0223-34-7505

Apple

Google

♪少人数なので
アットホームな雰囲気で♪
すごせます♪
小規模保育園
フレンド

亘理郡亘理町逢隈牛袋字
南谷地添11-2

TEL
FAX 0223-34-1790

住まいと暮らしのDIYセンター
ダイシン
亘理店

亘理郡亘理町
逢隈高屋字柴北100
TEL0223-33-1137

有限会社
マルワタクシー

亘理郡亘理町字道田西58
TEL0223-34-1300　FAX0223-34-3524
無料ダイヤル 0120-2711-79

山元町

子育てするなら山元町！

〒989-2292
山元町浅生原字作田山32
TEL0223-37-1111
人　口／1万1772人
世帯数／4823世帯
面　積／64.48平方㌖
（2022年10月31日現在）

山元町PR担当係長
ホッキーくん

【主な子育て関連部署】
● 子育て定住推進課
　TEL0223-36-9835
● こどもセンター
　TEL0223-36-7251

○ こどもセンター

JR常磐線山下駅から徒歩5分

「児童館」「子育て支援センター」「山下第二小学校児童クラブ」の三つの機能を兼ね備えた施設。児童館は多目的ホール、創作活動室、図書室などを備え、子どもが遊んだり勉強したりと自由に過ごせる。子育て支援センターは木製遊具などを設置していて、親子が気軽に集まって交流ができる。また、地域に愛される施設を目指し、さまざまな事業に取り組んでいる。
開／月〜土曜
利用時間／9:00〜16:30
休／日曜、祝日、12月29日〜1月3日
利用料／無料
問／こどもセンター
　　TEL0223-36-7251

○ 元気やまもと子育てアプリ

妊娠から出産・育児までをサポートするため、子ども・子育て支援アプリ「母子モ」を運用。
● 主な機能
・妊婦健診や乳幼児健診の記録
・予防接種日などのスケジュール管理
・プッシュ通知により予防接種や健診の受け忘れの防止
・日記、写真、記念日などの記録
・オンラインによる相談
問／保健福祉課 TEL0223-37-1113

○ ファミリー・サポート・センター

子育てをお願いしたい人（おねがい会員）と子育てを手伝いたい人（まかせて会員）をつなぎ、地域で助け合いながら子育てをする事業。
利用するためには事前に登録が必要で、利用料も発生する。
開／月〜金曜（祝日・年末年始を除く）
　　9:00〜12:00、13:00〜17:00
問／山元町ファミリー・サポート・センター
　　事務局（こどもセンター内）
　　TEL0223-36-9877

○ 子育て世代包括支援センター（山元版ネウボラ）

助産師や保健師、管理栄養士などの専門職員が常駐し、母子手帳の交付や育児相談、乳幼児健診をはじめ、子育ての不安や悩みなど、子育て全般に関する相談窓口。
開／月〜金曜（祝日・年末年始を除く）
　　9:00〜17:00
問／子育て世代包括支援センター
　　（保健センター内）
　　TEL0223-36-9836

○ 子育てひろば

未就学児親子の触れ合いの場として、子育てに関するさまざまな講座や親子で参加できるイベントを実施し、参加者間の交流を図っている。
NPO法人夢ふうせんがスタッフとして季節ごとの行事を取り入れ、見守りを行っている。
こどもセンター
開／火・金・土曜
利用時間／10:00〜15:00
ふるさとおもだか館
開／水曜
利用時間／10:00〜15:00
問／こどもセンター
　　TEL0223-36-7251

こどもセンターの
キャラクター「いちボン」

○ ベビーマッサージ・ヨガコミュニケーション事業

親子で癒やしの時間が過ごせる

乳児とのコミュニケーション手法を学び、親子の触れ合いや保護者同士のコミュニケーションを図りながら、育児不安の解消を図っている。
問／こどもセンター
　　TEL0223-36-7251

ー 小さなケーキに思いをこめて ー

宮城県
山元町にある
洋菓子のお店
Cake&Cafe
Petite Joie
プチット・ジョア

何気ない日常の中にこそある「小さな幸せ」を届けたい。フランス語で「小さな幸せ」という意味の店名には店主のそんな思いが込められています。

亘理郡山元町山寺字畑中59-3
営業時間／10:00〜19:00　定休日／火曜日
TEL・FAX0223-36-7605　駐車場あり　petite-joie.com

豊かな未来のために、グローバルな視点に立ち、ものづくりの発信地として
地域のニーズに応え、永続的な発展を目指しています
子育て支援・女性活躍推進の取組みを行っています

岩機ダイカスト工業株式会社　TEL0223(37)3322
亘理郡山元町鷲足字山崎51-2　www.iwakidc.co.jp

子育て相談 子ども虐待防止

解決の道しるべ 一緒に探しましょう
キャプネット・みやぎ

コロナ禍での母子を取り巻く問題を説明する東田さん

「子ども虐待防止ネットワーク・みやぎ（キャプネット・みやぎ）」（代表・村松敦子弁護士）は1999年結成の市民ボランティアによる非営利民間団体。子育てに悩む親の相談に乗り、解決の道しるべを一緒に探してくれる。コロナ禍で一層孤立しやすい母子の生活環境について、広報部長の東田美香さんに話を伺った。

キャプネット・みやぎは現在40人ほどのボランティアが在籍。主な活動として月～土曜の電話相談をはじめ、毎週木曜に仙台市中心部で行っている母親グループの活動、年2回の「楽になりたい子育て講座」の実施の他、相談員養成講座・虐待防止講座を開くなど幅広く活動している。

2020年以降はコロナ禍で活動の縮小や自粛などもあった。一方でコロナ禍が母子の生活環境にも大きな影響を及ぼしている。他者とのコミュニケーションが苦手など、もともと孤立しやすいタイプの人（母親）が、コロナ禍でさらなる孤立を招くことが懸念されている。たとえ感染状況が落ち着き、児童館が開館しても、やはり感染の心配もあり行くことを自粛し、孤立のスパイラルに陥ることが想定される。

「この状況は子どもの成長にも影響を及ぼしている」と東田さん。

例えば5歳の子どもがいたとしたら、物心ついた時からコロナ禍の中で成長。幼稚園や小学校の給食も班ごとなどグループ化せずに黙食で済ませる。一緒に遊ぶ機会も限られ、友達との対面交流は減る一方だ。子どもは環境の順応が早いといわれるが、どのような大人になるのか気掛かりだ。

最近の若者の傾向として現実の友達よりも、SNS上で顔を合わせたこともない人と友達関係を構築しようとする。お互いの本質的な素性は知らず、かつ、顔が見えないからこそ本音で言い合える相談や悩みの吐露、共感につながっているようだ。会ったこともないのにSNS上で「彼氏」「彼女」として付き合っている若者もいるという。

東田さんは「実はママたちも同じで、SNSやインターネットに依存しやすい。でも、そこで得た情報や交流は本当のものなのか、それとも正しくないものなのか判別がつきづらく、そこに怖さが隠れている」と強調。最近はママ向けにスピリチュアル系の情報が出回っているという。

「親になるために試験に受かって資格を得る必要はありません。ただ、子育てを楽しめるか、そうじゃないかは物事の捉え方によるところも大きい」と東田さん。その学びの場として子育て講座の参加を勧めている。

最近は父親の育児参加も増えてきたが、積極的な人がいる一方で考え方や働き方により育児をやらない、やれない人も多くいる。男性の育児参加に対する事業所側の意識改革も不可欠だ。祖父母が育児に関わる際には「知識のアップデートが必要」と東田さん。「自分たちが子育てした頃とは時代も価値観も変わっていることに気付かずに接すると、かえって親の精神的負担が増してしまう」と注意を呼び掛けている。

2022年6月に開かれたキャプネット・みやぎの定期総会

3年ぶりに開催の「笑顔で働きたいママのフェスタ」にブース出展（2022年7月）

電話相談

普段の生活では相談しにくい子育ての悩みや不安、自分が虐待されているかもしれないと感じるお子さん、過去に虐待を受けたことで生きにくさを感じる人の話を親身に傾聴します。

TEL022-265-8866

LINE電話相談

※最初に相互の友達登録が必要

相談日時

月～土曜10:00～13:00
※祝日、お盆期間、年末年始は休み

福祉の複合施設

仙台市福祉プラザ

ホール・研修室等
貸室使用時間
9:00～21:30

仙台市青葉区五橋2丁目12-2
TEL022-213-6237

～あなたの1本の電話で救われる子どもがいます～
「児童虐待かも…」と思ったら、すぐにお電話を

「もしかして?」
ためらわないで!

📞189
（いちはやく）

●お住いの地域の児童相談所につながります。　●通告・相談は匿名で行う事も可能です。
●通告・相談をした人やその内容に関する秘密は守られます。　●子育てに関する相談は児童相談所相談専用ダイヤル（0120-189-783）でも受け付けています。

宮城県保健福祉部子ども・家庭支援課 TEL022-211-2531

県南エリア

子育て行政サービス

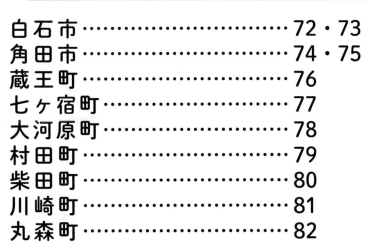

観光・日帰り入浴にぜひご利用ください。 すぐそこリゾート 蔵王町

ようこそ、みやぎ蔵王へ

仙台駅前から蔵王町への直行便！
仙台から約60分！
高速バス

■御釜

東北自動車道経由
自由乗車制

1日10往復

仙台 ⟷ 蔵王町
●片道1,100円

仙台 ⟷ 遠刈田温泉
Active Resorts 宮城蔵王
●片道1,300円

蔵王町には四季折々の楽しみがあるのじゃ。

宮城県蔵王町観光PRキャラクター
ざおうさま

■遠刈田温泉

■蔵王ハートランド

お問い合わせ

蔵王町農林観光課 TEL0224-33-2215　蔵王町観光案内所(蔵王町観光物産協会) TEL0224-34-2725

街道Hostel
おたて
TEL 0224-26-8877
〒989-0657
宮城県刈田郡七ヶ宿町字町裏81
定休日／火曜日・水曜日

南蔵王
やまびこの森
YAMABIKO-MORI
TEL 0224-37-2134
〒989-0504
宮城県刈田郡七ヶ宿町字上ノ平29
定休日／火曜日・水曜日

大自然あふれる 七ヶ宿 shichi ka shuku へ遊びに行こう。
ENJOY! SHICHIKASHUKU

wood&Spa
や・すまっしぇ
TEL 0224-26-6775
〒989-0519
宮城県刈田郡七ヶ宿町字諏訪原11-15
定休日／火曜日

Book&Cafe
こ・らっしぇ
TEL 0224-26-6891

安心して子どもを産み育て、
心やすらかに暮らせるまち

白石市

〒989-0292
白石市大手町1-1
TEL0224-25-2111
人　口／3万2098人
世帯数／1万4235世帯
面　積／286.5平方㌔
（2022年10月31日現在）

白石観光キャラクター
ポチ武者こじゅーろう

【主な子育て関連部署】
● 子ども家庭課
　TEL0224-22-1363
● 健康推進課
　TEL0224-22-1362
● 福祉課
　TEL0224-22-1400
● 教委学校管理課
　TEL0224-22-1342
● 教委生涯学習課
　TEL0224-22-1343
● 地域子育て支援センター
　TEL0224-22-6025

【白石市子育て支援サイト】

最新情報などは
こちらから
アクセス

○ ファミリーサポートセンター

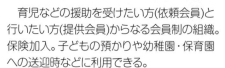

　育児などの援助を受けたい方(依頼会員)と行いたい方(提供会員)からなる会員制の組織。保険加入。子どもの預かりや幼稚園・保育園への送迎時などに利用できる。
依頼会員／白石市在住または白石市内に勤務する生後6カ月～小学6年生の子どもを持つ保護者
提供会員／子育て援助可能な白石市在住者
利用時間／原則7:00～19:00宿泊はなし
料金／1時間当たり一人500円。以降30分ごとに1時間当たりの半額を加算。
所在地／白石市字本町27
　　　　（ふれあいプラザ内）
問／TEL0224-25-5488

○ こじゅうろうキッズランド

　乳幼児から小学生までの年齢に合わせた3つの遊びのエリアと絵本コーナーがある。
　絵本の読み聞かせ、工作、あそびうたコンサートなど多彩なイベントも開催。
開／月～水曜・金～日曜10:00～17:00
　※新型コロナウイルス感染症の影響により、16:30閉館。詳しくは公式ウェブサイトで確認
休／木曜 (祝日の場合は翌平日)、12月29日～1月3日、臨時開館・休館あり
料金／一人300円(大人・子ども)
問／こじゅうろうキッズランド
　　TEL0224-26-8178

詳しくは
こちらから
アクセス

○ 子ども医療費助成制度

　中学校卒業相当までの子どもを対象に、健康保険が適用される診療を受けた際の自己負担額を助成する。助成を受けるには受給資格登録申請が必要。所得制限なし。
問／健康推進課 TEL0224-22-1362

○ しろいし子育て応援アプリ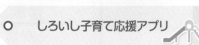

　妊婦から出産、育児までをサポートする母子手帳アプリ「母子モ」を無料で利用。
・胎児の発育や出産後の子どもの発育を曲線グラフで記録
・予防接種間隔をスケジュール管理
・プッシュ通知で予防接種の受け忘れを防止するほか、子育てイベントや感染症の注意喚起などの市から発信された情報の受信
・子どもの成長を家族で共有 など
問／健康推進課 TEL0224-22-1362

○ 図書館・アテネ

　図書館1階の子ども読書室は、幼児から中学生向けの読みもの・図鑑など、アテネ2階の絵本コーナーは、絵本・大型絵本・紙芝居・DVDをそろえている。
● おはなしひろば
　ボランティアによる絵本、紙芝居の読み聞かせ会。無料。どなたでも参加可。
貸出／一人10冊まで。15日間
休／月曜、毎月第1金曜、年末年始など
所在地／白石市字亘理町37-1
問／図書館 TEL0224-26-3004

つつみ 内科 外科
こどもクリニック

診療時間	月	火	水	木	金	土
9:00～12:00	○	○	○	○	○	○
13:30～17:30	○	○	－	○	○	－

休診日／水曜日午後・土曜日午後・日曜日・祝日
白石市清水小路6
TEL0224-25-1181

柿崎小児科

診療時間	月	火	水	木	金	土	日
8:30～12:00	○	○	○	○	○	△	－
13:30～18:00	○	○	○	－	○	－	－

△は13時まで診療します
※木曜午後、土曜午後、日曜・祝日は休診です
院長 柿崎周平
白石市沢端町1-37 TEL0224-25-2210
柿崎小児科 検索

加藤 小児科 内科 医院

診療時間	月	火	水	木	金	土
8:30～12:00	○	○	－	○	○	○
14:00～17:30	○	○	－	○	○	14:00まで

休診日／水曜・日曜・祝日
白石市大手町3-13
TEL0224(26)2653代

至白石駅
白石市役所
ヨークベニマル白石店

妊婦さんと赤ちゃんのサロン

　助産師や保健師、栄養士と話をしながら過ごすサロン。
対象／妊婦さんや4カ月健診前児とその家族
実施場所／健康センター
実施日時／月1回10:00〜11:30
　　　　　（受付9:20〜9:30）
問／健康推進課 TEL0224-22-1362

乳幼児相談

　身長・体重計測、育児・発育・栄養に関する個別相談などができる。
対象／0歳〜小学校就学前の子どもと家族
実施場所／健康センター
実施日時／月1回10:00〜11:30
　　　　　（受付9:15〜9:45）
問／健康推進課 TEL0224-22-1362

一時預かり

　保護者の入院や通院、学校行事への参加、育児疲れによる負担軽減など、一時的に保育を必要とするときに子どもを預けられる。事前登録が必要。
●緊急保育サービス（1事由30日以内）
入院、通院、看護、介護、出産、冠婚葬祭など緊急、一時的なもの
●私的理由の保育サービス
　（1週間に3日以内）
学校行事、リフレッシュなど
対象／市内在住の生後6カ月から小学校就学前の子どもを持つ保護者など。
利用時間／月〜金曜8:30〜16:30（祝日、12月29日〜1月3日を除く）
実施場所／白石市南保育園（南町1-7-20）
料金／一人当たり4時間以上1200円。4時間未満700円。昼食を伴う場合は300円加算。
問／南保育園 TEL0224-26-2915

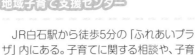
地域子育て支援センター

　JR白石駅から徒歩5分の「ふれあいプラザ」内にある。子育てに関する相談や、子育てサークルの支援、子育て情報の提供、親子で楽しむ遊びの場（るーむ・育児講座）などを行っている。「ふれあいプラザ」には、就学前の子どもの遊び場として開放している「プレイルーム やんちゃっこ」がある。

●支援センター事業
対象／0歳〜就園前の子どもと保護者
◆子育て相談
　子育てに関するいろいろな悩みや戸惑いに専門スタッフが相談に対応する。
受付日時／8:30〜17:15（土・日曜、祝日、年末年始を除く）
※来館・電話・メール可
メール／kosodate@city.shiroishi.miyagi.jp
◆年齢別子育てサークル「るーむ」
　子どもの年齢や発達に合わせた遊びを親子で楽しむ。子育て中の母親らの集いの場にもなっている。
対象児／
「にこにこるーむ」 2カ月〜7カ月児
「わくわくるーむ」 8カ月〜1歳2カ月児
「らんらんるーむ」 1歳3カ月〜1歳11カ月児
「さんさんるーむ」 2歳〜就園前児
実施日時／各るーむ月1回9:45〜11:00

しろいし赤ちゃんの駅

　乳児を連れて安心して外出ができるよう、授乳やおむつ交換、ミルク用のお湯が提供できる店や施設。案内板を掲示している。
問／子ども家庭課 TEL0224-22-1363

しろいし子育てハンドブック 「子育てホッとマップ」

　子育て支援施設、市内の遊び場、子育てへの助成、ふれあい遊びなど、就学までに必要

＜プレイルーム　やんちゃっこ＞
開館／月〜金曜
開館時間／9:30〜11:30、14:00〜16:00
休館／土・日曜、祝日、年末年始
利用料／無料
所在地／白石市字本町27
問／ふれあいプラザ
　　TEL0224-22-6025

※開催2日前までの事前申し込み
　（各るーむ定員あり）
◆主な育児講座
　実施日時／不定期 10:00〜11:00
＜ベビーあいあい＞
　産後2カ月〜7カ月の母親対象。乳児へのベビーマッサージや母親のセルフコンディショニングを行う。
＜りとるあいあい＞
　生後8カ月〜1歳11カ月の乳幼児と保護者が対象。音楽に合わせながら体を動かし、親子のスキンシップを楽しむ。
＜絵画造形教室＞
　おおむね2歳〜就園前の幼児と保護者が対象。いろいろな素材を使いながら、造形遊びを親子で楽しむ。
＜絵本の読み聞かせ会＞
　0歳〜就園前の子どもと保護者対象。0歳から楽しめる絵本を紹介する。

とする子育て情報をまとめた冊子。子育て支援サイトでも閲覧可。
問／子ども家庭課 TEL0224-22-1363

子育て支援サービスの利用料助成

　子育て世帯の経済的負担軽減のため、一時預かり事業やファミリーサポートセンター事業などの利用料を助成する。
対象／白石市在住、市税に未納がない世帯
助成金／子ども一人当たり年間最大で1万5000円まで
問／子ども家庭課 TEL0224-22-1363

耳鼻咽喉科
おおぬまクリニック
院長 大沼 秀行

診察時間	月	火	水	木	金	土	日	祝
9:00〜12:30	●	●	●	予約診療	●	●	休	休
15:00〜18:00	●	●	●		●	●	休	休

白石市延命寺北1-6
TEL0224-24-2333

創業明治6年
品質本位の酒造り
令和5年より
おかげさまで
創業150周年

蔵王Z庭

白石市東小路120-1
TEL0224-25-3355 FAX0224-25-3272
https://www.zaoshuzo.com/
蔵王酒造株式會社

一般電気工事
有限会社 東栄電設

代表取締役 佐藤 善和

白石市大鷹沢大町字砂押7-3
TEL0224-25-9939
FAX0224-25-1199

家庭で、仲間で、地域で、みんなが
子育てを楽しむ 心ゆたかな角田っ子の育成

角田市

〒981-1592
角田市角田字大坊41
TEL0224-63-2111
人　口／2万7365人
世帯数／1万1473世帯
面　積／147.53平方㌔
（2022年10月31日現在）

角田市牟宇姫シンボルキャラクター
むうひめ

【主な子育て関連部署】
● 子育て支援課
　TEL0224-63-0134
● 社会福祉課
　TEL0224-61-1185
● 健康長寿課
　TEL0224-62-1192
● 教委教育総務課
　TEL0224-63-0130
● 教委生涯学習課
　TEL0224-63-2221
● 角田市子育て支援センター
　TEL0224-62-4360

子育て支援センター
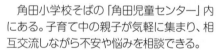

　角田小学校そばの「角田児童センター」内にある。子育て中の親子が気軽に集まり、相互交流しながら不安や悩みを相談できる。
　絵本の読み聞かせや季節の行事も積極的に行っている。毎月の行事を記した「まめっこ通信」も発行している。
● 自由来館
対象／生後3カ月～3歳の子どもとその保護者
開／月～金曜9:00～11:30
利用料／無料
休／土・日曜、祝日、12月28日～1月4日
● 電話相談
　子どもの成長や育児について、遊び場など気軽に相談できる。
実施日時／月～金曜 9:00～15:00
問／子育て支援センター
　　TEL0224-62-4360

一時預かり事業

　仕事や通院など突発的な事情で一時的に保育が困難な場合、市内の「一時預かり事業者」が子どもの保育を行う。
利用時間／8:00～18:00
　　　　（その他の時間については応相談）
料金／8:00～18:00の間で1時間500円（日曜、祝日、お盆、年末年始は600円）。それ以外は30分毎100円加算。
事業者連絡先／NPO法人角田保育ママの会
　　　　　　　TEL090-3753-4251

角田市総合保健福祉センター（ウエルパークかくだ）

● 乳幼児相談
・おたんじょう相談
　身長・体重測定、RDテスト、運動あそび、栄養指導、歯科指導、個別相談などを行う。
対象／1歳児とその保護者
・子育て世代のための心理士相談
　子どもの発達、育児の悩み、家族関係での悩みなどについて、心理士が相談に応じる。
対象／子育て中の家族
・ほっぺ相談
（子育て世代包括支援センター事業）
　妊娠から子育て中の家族のさまざまな相談に応じる。
対象／妊婦とその夫、育児中の親子（祖父母）
問／子育て支援課 TEL0224-63-0134

ブックスタート

　3～5カ月児健診終了後に、実施会場で地域ボランティアによる地区の子育て支援情報の紹介やプレゼントした絵本の読み聞かせを行う。
問／社会福祉協議会 TEL0224-63-0055

子ども図書館

　角田市図書館南側にあり、絵本を中心に紙芝居や大型絵本、育児関係の本など約9000冊をそろえている。ベビーカーも一緒にそのまま入ることができる。ベビーシートやチャイルドチェア付きのトイレあり。じゅうたん敷きのおはなしの部屋は床暖房で快適。
所在地／角田市角田字牛舘10
　　　　（市民センター敷地内）
開／10:00～18:00（第1・3水曜は19:00まで、土・日曜は17:00まで）
休／月曜、祝日、年末年始など
● おはなし会
　ボランティアや図書館司書が、絵本の読み聞かせや紙芝居をしたり、親子で手遊びなどをして交流する。要予約。
※予定が変更になる場合あり。図書館ウェブサイトで確認を。
実施日時／毎月第2水曜 10:30～
　　　　　第4土曜 15:00～
問／図書館 TEL0224-63-2223

子ども医療費助成制度

　通院・入院とも18歳の年度末までの子どもを対象に医療機関で健康保険が適用される診療を受けた際の自己負担額を全額助成する。助成を受けるには子ども医療費受給資格登録申請が必要。
問／子育て支援課 TEL0224-63-0134

宮城県公安委員会指定
角田自動車学校
角田市角田字中沢46-33
0120-373-450

内科・外科・消化器内科・肛門外科・リハビリテーション科
角田ふれあいクリニック

診療時間	月	火	水	木	金	土
8:30～12:30	●	●	●	●	●	●
14:00～18:00	●	●	/	●	●	/

休診／日曜・祝日、水・土曜午後　◆急患・往診、随時受付
角田市角田字豊町1-3 TEL0224-63-0062

角田市金融団

角田支店 TEL(0224)63-2251
地域の成長を本業支援で支える
仙台銀行

角田支店 TEL(0224)63-1351
皆様の繁栄のお手伝いをする
仙南信用金庫

角田支店 TEL(0224)63-1077
地域と共に
77 BANK
七十七銀行

地域ささえあい事業 （子育て支援）

父・母いずれかが市内に住所を有する方で、生まれた子ども一人に対して、子育て支援金として5000円を支給している。（生後6ヵ月以内での申請が必要）

問／社会福祉協議会 TEL0224-63-0055

かくだスポーツビレッジ内 交通公園「どんぐりぱーく」

自転車や足込み式ゴーカートで、親子で楽しく交通ルールを学べる公園。さらに幼児から使用できる遊具があり、芝生も広がっている。たくさん遊んだ後には隣接の道の駅で食事をするのがお勧め。秋にはドングリ拾いが楽しめる。

問／角田市総合体育館
　　TEL0224-63-3771

交通公園「どんぐりぱーく」

スポーツ交流館 親子の遊び場

エア滑り台、ジャンボ積み木、トンネルハウスなどたくさんの屋内遊具で体を動かし楽しめる遊び場。「どんぐりぱーく」に来たけれど雨が降ってきた時、暑い日、寒い日、少し休憩したい人などにもお薦め。
対象／未就学児
開／日〜金曜
休／土曜、祝日
問／スポコムかくだ TEL0224-87-8796

放課後児童クラブ

昼間保護者のいない家庭の児童の安全確保、および情操豊かな心を育む援助のため開設している。

実施場所・問／
●角田児童クラブ
　（角田字牛舘17-3＜角田児童センター内＞）
　TEL0224-62-4360
●角田第2児童クラブ
　（角田字牛舘41＜角田小学校内＞）
　TEL0224-62-4360
●横倉児童クラブ
　（横倉字杉の堂7＜横倉小学校内＞）
　TEL080-6684-1443

●枝野児童クラブ ※2023年3月閉所予定
　（島田字三口71＜枝野小学校内＞）
　TEL090-7662-0659
●藤尾児童クラブ ※2023年3月閉所予定
　（藤田字梶内51-2＜藤尾小学校内＞）
　TEL080-2819-9077
●桜児童クラブ
　（佐倉字小山78-1＜桜小学校内＞）
　TEL080-1848-7799

●北郷児童クラブ
　（岡字阿弥陀入11-2＜北郷小学校内＞）
　TEL080-9258-2253
●金津児童クラブ ※2023年4月開所予定
　（尾山字荒町125-1＜金津小学校内＞）
　TEL080-2819-9077

休／日曜、祝日、12月28日〜1月4日
利用時間／放課後〜18:30（学校休業日は8:00〜18:30）
利用料金／月3500円（平日＜授業日・学校休業日＞のみ利用の場合。
　　　　　平日・土曜利用の場合は月4500円）
対象／小学1〜6年生

※土曜は市内全地区の児童を集約し
　角田児童センター1カ所で実施

美味しいお肉とお惣菜
肉の郷家

角田店　角田市角田字田町62
　　　　TEL0224-62-2136
船岡店　柴田町船岡中央2丁目6-38
　　　　TEL0224-54-1047
　　　　定休日／日曜日・祝日

福祉でまちづくりを
すすめよう

毎年夏休みに
小学生・中学生・
高校生向けに
「夏休みふくし体験INかくだ」を開催しています

社会福祉法人
角田市社会福祉協議会
角田市角田字柳町35-1 TEL0224-63-0055

角田市
総合体育館

様々な室内競技のできる競技場をはじめ県内最大級のトレーニング室などがあり、気軽にスポーツ・レクリエーション活動ができる健康づくりの拠点として利用されています。

・競技場（アリーナ）・武道場・トレーニング室・幼児体育室

利用時間　午前9時から午後9時

休館日　毎月第4火曜日（祝日の時は翌日）
　　　　12月28日から1月4日まで
　　　　そのほか臨時休館あり

〒981-1504 角田市枝野字青木155-31
TEL0224-63-3771

子どもを生み育てることを喜び、
悩みを共に分かち合い、支えあえる町

蔵王町

〒989-0892
蔵王町大字円田字西浦北10
TEL0224-33-2211
人　口／1万1344人
世帯数／4551世帯
面　積／152.8平方㌔
（2022年9月30日現在）

蔵王町観光PRキャラクター
ざおうさま

【主な子育て関連部署】
● 子育て支援課
● 蔵王町子育て支援センター
　TEL0224-33-2122
● 保健福祉課
　TEL0224-33-2003
● 教委教育総務課
　TEL0224-33-3008
● 教委生涯学習課
　TEL0224-33-2018

子ども医療費助成制度

　18歳に達する年度末までの子どもを対象に医療機関で健康保険が適用される診療を受けた際の自己負担額を助成する。
問／町民税務課 TEL0224-33-3001

ざおう子育てサポート事業

　通院や習い事など何らかの用事で子どもを預かってほしいときに地域の協力会員が一時的に子どもを預かる。
① 会員になれる方
依頼会員／蔵王町在住、または蔵王町内に勤務するおおむね生後3カ月〜小学6年生の子どもを持つ保護者
協力会員／子育ての援助が可能な蔵王町在住者
② 利用内容
開／8:00〜18:00
料金／月〜金曜1時間当たり1人500円
　　　土・日曜、祝日1時間当たり1人600円
預かり場所／協力会員の自宅、児童館、町子育て支援センター

問／子育て支援センター TEL0224-33-2122

すこやか養育助成金

　町内に住んでいる間に生まれた子どもの数が1、2人なら5万円、3人以降なら45万円支給する。定住要件あり。
問／子育て支援課 TEL0224-33-2122

乳幼児育児用品購入助成券

　蔵王町で出生した乳幼児を養育している保護者に対し、粉ミルクやおむつの購入券（1人当たり5万円分）を交付する。
問／子育て支援課 TEL0224-33-2122

任意予防接種助成

　インフルエンザワクチンを中学3年生は無料、6カ月〜中学2年生は1回1000円の自己負担で接種できる。おたふくかぜワクチンは満1歳〜3歳未満児を対象に1回1000円の自己負担で接種できる。
問／子育て支援課 TEL0224-33-2122

子育て支援センター

　地域福祉センター内にあり、子育て講座や子育て相談などを実施している。
● 子育て相談（来所相談・電話相談）
　子どもの発育や、子育ての悩みなど育児について相談できる。
開／月〜金曜 9:00〜17:00（土・日曜、祝日、年末年始は休み）

問／TEL0224-33-2122
● ふれあい広場（自由開放）
　親子で自由に遊びながら過ごすことができる。
開／月〜金曜 9:30〜12:00、13:30〜16:00
（土・日曜、祝日・年末年始は休み）

児童館

　親子が自由に遊べる場所づくり、学童保育、子ども会育成会、母親クラブなどの活動支援を行う。
● 放課後児童クラブ
　放課後、保護者が仕事などのため、昼間家庭にいない小学1〜6年生を対象に開設している。
開／放課後〜18:30（学校休業日は7:30〜18:30）
休／土・日曜、祝日、年末年始
● 育児支援
　あそび場の提供や、子育てについての情報交換、仲間づくりを行う。
実施場所・問／
永野児童館 TEL0224-33-2010
円田児童館 TEL0224-33-2037
宮児童館 TEL0224-32-2003
遠刈田児童館 TEL0224-34-2204
平沢児童館 TEL0224-33-4177

母子手帳アプリ「ざおう子育てアプリ」

　妊娠から出産、育児までをフルサポートしてくれる子育て支援アプリ。
主な機能／子育てに関するイベント情報、予防接種管理、妊婦健診や乳幼児健診の記録、記念日や成長の記録
問／子育て支援課 TEL0224-33-2122

地域社会のリサイクル向上に努めます!!
【一般廃棄物収集運搬】蔵王町指令第418号
【産業廃棄物収集運搬業】宮城県許可番号00411107123
【一 般 建 設 業】宮城県知事許可（般-28）第19105号
解体工事及び土木建設工事、ゴミ分別・処理まで、エキスパートの当社に全てお任せ下さい。
有限会社 マルカコーポレーション
見積無料!ご相談ください。
お問い合わせ
刈田郡蔵王町大字小村崎字大久保80-2
TEL0224-33-4340

K LOGISTICS
㈱友樹運輸
代表取締役 奥山 守一
蔵王営業所
〒989-0701
宮城県刈田郡蔵王町宮字西堀添大縄場16
TEL0224-22-8088（代） FAX0224-22-8087
本　　社
〒989-1201
宮城県柴田郡大河原町大谷字山崎121-6

館内にて新型コロナ感染防止対策実施中!!
蔵王町ふるさと文化会館
ございんホール
施設案内
多目的ホール、第1・2楽屋、第1・2会議室、第1・2・3研修室、第1・2和室、調理室、創作の部屋、展示室、スタジオ、蔵王町立図書館 併設
開館時間
8時30分〜22時
休館日
毎月第1月曜日、年末年始
蔵王町ふるさと文化会館（ございんホール）
蔵王町大字円田字西浦5
TEL0224-33-2018（蔵王町教育委員会生涯学習課）

みんなで育てる七ヶ宿っ子

七ヶ宿町

〒989-0592
七ヶ宿町字関126
TEL0224-37-2111
人　口　1279人
世帯数　632世帯
面　積　263平方㌔
(2022年10月31日現在)

七ヶ宿町観光PRキャラクター
ゆり太郎

七ヶ宿町観光PRキャラクター
源流ボッチョン

【主な子育て関連部署】
●健康福祉課
　TEL0224-37-2331
●町民税務課
　TEL0224-37-2114
●教育委員会
　TEL0224-37-2112
●町ウェブサイト
　https://town.shichikashuku.
　miyagi.jp/

○　出生祝金

●出産祝い金
　七ヶ宿町在住6カ月～1年未満の世帯に子どもが生まれたとき、町商品券を支給する。(第1子1万円、第2子2万円、第3子以降3万円)
●子育て応援支援金
　七ヶ宿町在住1年以上で定住を前提にする世帯に子どもが生まれたとき、第1子10万円、第2子15万円、第3子以降20万円の祝い金を支給。また小中学校入学時にそれぞれ5～15万円、高校入学時には10～20万円を支給する。
　基準日以降1年以内に転出したり退学などで在学しなくなったときは返還の対象となる。
　問／町民税務課 TEL0224-37-2114

○　子ども医療費助成制度

　通院・入院(入院時食事代含む)とも18歳までの子どもを対象に医療機関で健康保険が適用される診療を受けた際の自己負担額を全額助成する。助成を受けるには子ども医療費受給資格登録申請が必要。
　問／町民税務課 TEL0224-37-2114

○　妊娠中から子育てのことまで相談サービス

　七ヶ宿町在住者に限り無料で、妊娠中から産後の悩み、育児中の質問や悩みをスマホの専用アプリを使い専門医などに相談できる。
　問／健康福祉課 TEL0224-37-2331

○　妊婦のための助成事業

●交通費の助成
　妊婦健診1回ごとに交通費として2000円の助成を行っている。
●産後ケア利用費助成
　心身や育児に関するケアが受けられる施設利用費の一部助成を行っている。
●出産のための家族宿泊費助成
　出産前後に病院に入院している妊婦の家族宿泊費の一部助成を行っている。
　問／健康福祉課 TEL0224-37-2331

○　子育て助成金

　乳児の健やかな成長を支えるため、健診費用を助成している。また、紙おむつ購入費として3歳までの間、月2000円の助成を行っている。
　問／健康福祉課 TEL0224-37-2331

○　各種助成事業

●任意予防接種助成
おたふくかぜワクチン
…18歳まで全額助成(申請が必要)
インフルエンザワクチン
…高校生まで一部助成
　問／健康福祉課 TEL0224-37-2331

○　子育て世代情報配信サービス

　アプリを使い、子育てに役立つ町の情報やお知らせをタイムリーに配信、子どもの成長記録や予防接種のスケジュールが管理できる。
　問／健康福祉課TEL0224-37-2331

○　七ヶ宿放課後児童クラブ

　保護者が就業などにより昼間、家庭にいない小学1～6年生に対して、授業の終了後や長期休業中に適切な遊びや生活の場を提供し、健全な育成を図ることを目的に開設している。
対象／小学生
実施場所／開発センター(七ヶ宿町字関126)
休／土・日曜、祝日、12月29日～1月3日
利用時間／放課後～18:00
　　　　　(学校休業日は8:00～18:00)
　問／教育委員会 TEL0224-37-2112

七ヶ宿放課後児童クラブの様子

○　保育料無料・給食費無償化

　生後11カ月から入所可能な七ヶ宿町関保育所は保育料が無料。また、小中学校の給食費も無償化している。
　問／教育委員会 TEL0224-37-2112

🅿 **道の駅 七ヶ宿**
町の特産品や県南地区の産品を
多く取り揃えております

刈田郡七ヶ宿町字上野8-1(国道113号沿い 水と歴史の館隣)
営／9:00～17:30 TEL0224-37-2721
東北自動車道白石ICより車で約40分

木とともに140余年
森をつくり
家をつくり
未来をつくる
古河林業の家づくり

△ **古河林業株式会社**
仙台営業所
仙台市太白区柳生北原32-4
TEL022-797-1463

七ヶ宿町国民健康保険診療所
内科・小児科・外科【担当医】結城 翼
歯科【担当医】東北大学大学院歯学研究科医師

診療受付時間	
内科・小児科・外科	午前8:30～11:30、午後1:00～4:30
歯科	午前8:30～11:30、午後1:00～3:30

休診日	
内科・小児科・外科	土・日・祝日
歯科	月・火・木・土・日・祝日

※医科については、毎週火曜日の午前9時15分から午前10時30分まで湯原診療所へ出張診療します
※第3水曜日の受付時間は午後3時30分までです
※年末年始は12月29日から1月3日まで休診です

刈田郡七ヶ宿町関183　TEL0224-37-2002

支えあい、繋がりあい、
子どもとともに未来をつくる

大河原町

〒989-1295
大河原町字新南19
TEL0224-53-2111
人　口／2万3573人
世帯数／1万273世帯
面　積／24.99平方㌔
（2022年10月31日現在）

大河原町観光PRキャラクター
さくらっきー

【主な子育て関連部署】
●子ども家庭課
　TEL0224-53-2251
●健康推進課
　TEL0224-51-8623
●教委教育総務課
　TEL0224-53-2742
●教委生涯学習課
　TEL0224-53-2758

子育て支援センター

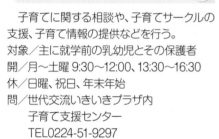

　子育てに関する相談や、子育てサークルの
支援、子育て情報の提供などを行う。
対象／主に就学前の乳幼児とその保護者
開／月～土曜 9:30～12:00、13:30～16:30
休／日曜、祝日、年末年始
問／世代交流いきいきプラザ内
　　子育て支援センター
　　TEL0224-51-9297
●「みらいのひろば」の自由開放
　子育て中の保護者や子どもが気軽に集える。
開／月～土曜 9:30～12:00、13:30～16:00
休／日曜、祝日、年末年始
●乳幼児子育てLINE相談
　育児の悩みや不安、困ってい
ることなどを匿名で相談できる。
受付時間／
月～金曜9:30～12:00、13:00～16:00

●子育て相談
　子どもの成長やしつけについて、遊び場や
保育所のことなど気軽に相談できる。
実施場所・問／
子育て支援センター TEL0224-51-9297
桜保育所　　　　　 TEL0224-52-6613
上谷児童館　　　　 TEL0224-53-3089

児童センター　　　　　TEL0224-52-9877
実施日時／月～金曜 9:00～17:00

子ども医療費助成制度

　通院・入院とも18歳までの子どもを対象に
医療機関で健康保険が適用される診療を受け
た際の自己負担額を全額助成。助成を受ける
には子ども医療費受給資格登録申請が必要。
問／子ども家庭課 TEL0224-53-2251

出生祝い金

　第3子以降の子どもが生まれた家庭へ出生
祝い金として子ども一人につき10万円を支給。
問／子ども家庭課 TEL0224-53-2251

駅前図書館の取り組み

　駅前図書館の「絵本と学びのへや」は、絵
本エリアと学びエリアに分かれ防音ガラスで
仕切られているため、絵本エリアでは親子で
読み聞かせもゆったり楽しめる。授乳・オム
ツ換えスペース完備。
●お話し会
　ボランティアと司書による絵本や紙芝居の
読み聞かせ、手遊びなどを楽しむ。
実施日時／第2土曜11:00～11:30
●プラネタリウムおおがわら星空さんぽ
　星空の上映と、季節ごとの星や星座の神話
などを楽しむ。
実施日時／第4土曜11:00～11:30
問／駅前図書館 TEL0224-51-3330

おおがわら子育てアプリ

　妊娠期から子育て期の世帯への情報提供
を行うアプリ。予防接種管理や成長記録管理
ができるほか、子育てイベント情報の配信も
行っている。
利用料／無料
問／子ども家庭課 TEL0224-53-2251

ファミリー・サポート・センター事業

　育児などの援助を受けたい人（依頼会員）
と行いたい人（提供会員）からなる会員制の
組織。子どもの預かりや、保育施設などへの
送迎の際に利用できる。保険は町で加入する。
①会員になれる方
依頼会員／大河原町に住所を有し、生後6カ
　　　　　月から小学校6年生の子どもと同
　　　　　居している人
提供会員／大河原町に住所を有し、20歳以
　　　　　上でセンターが実施する講習を
　　　　　修了した人
②利用料金
　託児終了後、利用会員から協力会員に直接
利用料金を支払う。（3歳未満の子どもの利
用、ひとり親家庭・非課税世帯などに利用料
金の助成制度あり）
料金／7:00～19:00の間で1時間当たり一人
　　　600円。土・日曜、祝日、上記の時間外
　　　は700円。
問／ファミリー・サポートセンター
　　TEL0224-51-9960

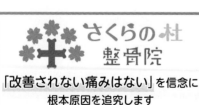

さくらの杜整骨院

「改善されない痛みはない」を信念に
根本原因を追究します

受付時間
8:30～12:00 14:00～19:00
土曜日 8:30～13:00

定休日
日・祝

柴田郡大河原町中島町3-14
TEL0224-52-7737

リラク・ボディケア／整体／接骨・整骨／マッサージ

飛翔!!
子育てを応援します

総合建造物解体

有限会社 鈴重工業

代表取締役 大寺 千喜

柴田郡大河原町字東新町18-3
TEL0224-52-0831
FAX0224-52-0837

OGAWARA MTB S-PARK スパーク

コースレイアウト（MTBプロライダー 井手川直樹
氏監修）は未就学児から大人まで誰でも気軽に楽
しめるマウンテンバイクパークとなっています。
土・日曜、祝日はレンタル用MTBもあります。
お気軽に遊びに来てください。

柴田郡大河原町大谷字沖端（白石川河川敷内）
問／町地域整備課 TEL0224-53-2445

こどもたちの声ひびき
元気な笑顔が集うまち

村田町

〒989-1392
村田町大字村田字迫6
TEL0224-83-2111
人　口／1万293人
世帯数／4088世帯
面　積／78.38平方㌔
（2022年10月1日現在）

村田町観光PRキャラクター
くらりん

【主な子育て関連部署】
●子育て支援課
　TEL0224-83-6405
●町民生活課
　TEL0224-83-6401
●健康福祉課
　TEL0224-83-6402
●教育委員会
　TEL0224-83-2037
●児童館・子育て支援センター
　TEL0224-83-3901

子育て支援センター

子育てに関する相談や、子育てサークルの支援、子育て情報の提供、親子で楽しむイベントなどを行っている。有料で一時預かりも行う。
「ぶどうの部屋」（交流ホール）
滑り台やトミカ、絵本コーナーなど
「りんごの部屋」（和室）
知育玩具、赤ちゃん用玩具、人形、ままごと
「めろんの部屋」（開放日あり）
三輪車、乗用玩具、鉄棒、ブランコなど
「戸外玩具」
アンパンマン複合遊具、アンパンマンバス、ロッキングドキンちゃん、砂場

大きなアンパンマンがお出迎え

対象／未就学児とその家族
開／月〜金曜 9:00〜12:00、13:00〜16:30
利用料／無料
休／土・日曜、祝日、年末年始
場所／多世代交流センター内
　　　村田町大字村田字大槻下5
問／子育て支援センター
　　TEL0224-83-3901

明るい光が差し込むホール

満1歳祝金

出生後最初の住民登録を村田町にしてから満1歳の誕生日を迎えるまで継続して本町に住所がある子どもの保護者に祝金を支給する。
問／子育て支援課 TEL0224-83-6405

育児スターターキット・紙おむつ券支給

出生後最初の住民登録を村田町にした子どもの保護者を対象に、誕生して

すくすく くらりんボックス

すぐに使える用品を箱いっぱいに詰め込んだ「すくすくくらりんボックス」または町内取扱店で使用できる「紙おむつ券」を贈呈する。
問／子育て支援課 TEL0224-83-6405

出産育児一時金

国民健康保険の加入者の方が出産する場合、出生児一人につき42万円が支給される。退職後6カ月以内の出産で、以前の健康保険などから同様の給付を受けられる場合は適用外となる。
問／町民生活課 TEL0224-83-6401

子育て支援ゴミ袋支給

子育て家庭の経済的負担を少しでも軽減できるよう、子どもの紙おむつなどの処理に使用する指定ごみ袋を支給する。
問／子育て支援課 TEL0224-83-6405

親子ふれあいブックスタート

4カ月児健康診査を受診する保護者に対して乳児を対象とした絵本を贈呈する。
問／子育て支援課 TEL0224-83-6405

第3子以降保育料等助成事業

多子世帯の子育て家庭の経済的負担の軽減を図ることを目的に、第3子以降の児童に係る保育料などを月額最大5000円助成する。
問／子育て支援課 TEL0224-83-6405

豊かさを求め進化する
自動車と住宅の先行技術開発型メーカーTOA

東亜工業株式会社
仙台事業所

〒989-1304
柴田郡村田町村田字西ケ丘22-2
TEL0224-83-5787 FAX0224-83-5791
www.toaweb.co.jp

未来を担う子どもたちを応援します
灯油 プロパン

高橋燃料店
〜あなたの身近な燃料店〜
柴田郡村田町村田字東28-2
TEL0224-83-2272
FAX0224-83-2453

村田町歴史みらい館

利用案内
■開館時間　9:00〜17:00
■休館日
　毎週月曜、祝日の翌日、年末年始（12月26日〜1月5日）
■展示室観覧料　無料
◆図書室や学習スペースもあります
所在地／柴田郡村田町大字村田字迫85
TEL0224-83-6822 FAX0224-83-6844

みんなで育てよう・きらりと光るしばたの子

柴田町

〒989-1692
柴田町船岡中央2-3-45
TEL0224-55-2111
人　口／3万6977人
世帯数／1万6230世帯
面　積／54.03平方㌔
（2022年10月31日現在）

「花のまち柴田」
イメージキャラクター
はなみちゃん

【主な子育て関連部署】
●子ども家庭課
　TEL0224-55-2115
●健康推進課
　TEL0224-55-2160
●福祉課
　TEL0224-55-5010
●教委教育総務課
　TEL0224-55-2134
●教委生涯学習課
　TEL0224-55-2135

子育て支援センター

　船迫こどもセンター内にあり、子育て講座や子育て相談などを実施している。
開／月～土曜8:30～17:00
対象／就学前の子どもとその保護者
所在地／柴田町大字船岡字若葉町10-16
問／船迫こどもセンター
　　TEL0224-55-5541

支援センターでの親子遊び

ファミリー・サポート・センター事業

　子育ての援助を受けたい人（利用会員）と行いたい人（協力会員）からなる会員制の組織。保険加入。次のようなときに利用できる。
・子どもの預かり
・保育施設などへの送迎

預かり中に子どもを見守る協力会員

①会員になれる方
利用会員／柴田町に住所を有し、生後6カ月から小学校6年生の子どもと同居している人
協力会員／柴田町に住所を有し、20歳以上でセンターが実施する講習を修了した人
②利用料金
　託児終了後、利用会員から協力会員に直接利用料金を支払う。
料金／7:00～19:00の間で1時間当たり一人600円。土・日曜、祝日、年末年始、上記の時間外は700円
問／ファミリー・サポート・センター
　　TEL0224-87-7871

ブックスタート

①絵本と赤ちゃんの初めての出会いを応援するため、4カ月児健康診査時に絵本をプレゼント。
問／柴田町図書館 TEL0224-86-3820
②親子に絵本を通して絆を深めてもらうため1歳6カ月児健康診査時に民生委員より絵本をプレゼント。
問／柴田町社会福祉協議会
　　TEL0224-58-1771

ゆとりの育児支援事業

　保護者の緊急時などに対応するため、保育所の機能を生かして育児支援を行う。
●特定保育
　保護者の就労、職業訓練、就学などにより、週2、3日以内の範囲で家庭での保育ができない児童を預かる。
●一時保育
　保護者の傷病、出産などにより緊急に家庭で保育ができない場合、1週間程度児童を預かる。または月2、3日程度児童を預かる。
対象／柴田町在住で保育所や幼稚園に在籍していない満10カ月～小学校就学前までの児童
開／月～金曜 8:30～15:30
利用料／一人当たり日額1100円（給食費別）
実施場所・問／
船岡保育所 TEL0224-55-1253
槻木保育所 TEL0224-56-1332
西船迫保育所 TEL0224-57-1387

育児ヘルプサービス事業

　育児や家事などの支援を必要とする家庭にホームヘルパーを派遣する。
対象／町内に居住する出産予定日4週間前（28日）～産後8週（56日）以内の妊産婦で、昼間に家事などの介助をしてくれる者がいない、または多胎で出産する（出産した）妊産婦
サービス内容／育児支援、居室の清掃など
利用料／1時間当たり600円
　　　　（世帯の課税状況により減額あり）
問・申し込み／子ども家庭課
　　TEL0224-55-2115

宮城県柴田郡柴田町
大字本船迫字上野4-1

開館時間
9:00～17:00

定休日
毎週月曜
（月曜祝日の場合は翌火曜休）

問／一般社団法人
柴田町観光物産協会
TEL0224-56-3970

柴田町 **太陽の村**

柴田町観光物産交流館
さくらの里

開館時間／9:00～17:00
休館／月曜（月曜祝日の場合は開館、翌日が休館日となります）
TEL0224-87-7101

柴田郡柴田町大字船岡舘山95-1
（船岡城址公園内）

売店
喫茶コーナー
イベント・ギャラリー
お休み処＆
展望ウッドデッキ

子どもは、希望の星・みんなの宝もの

川崎町

〒989-1501
川崎町大字前川字裏丁175-1
TEL0224-84-2111
人　口／8281人
世帯数／3384世帯
面　積／270.77平方㌔
（2022年10月31日現在）

川崎町観光PRキャラクター
チョコえもん

【主な子育て関連部署】
●幼児教育課 TEL0224-84-5247
　・子育て支援センター
　・かわさきこども園
　・富岡幼稚園
●保健福祉課 TEL0224-84-6009
　・子育て世代包括支援センター
●学務課 TEL0224-84-2308
　・小学校・中学校

子育て支援センター
（幼児教育課）

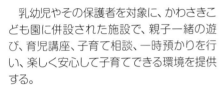

乳幼児やその保護者を対象に、かわさきこども園に併設された施設で、親子一緒の遊び、育児講座、子育て相談、一時預かりを行い、楽しく安心して子育てできる環境を提供する。
●わんぱく広場
（0歳児ひよこクラス、1～5歳児うさぎクラス、0～5歳児全クラス）
　・専任保育教諭がさまざまな遊びを準備
　・開催／各広場月2回程度 10:00～11:30

●ふれあい広場
　・施設を活用した親子での自由な遊び
　・開催／月20回程度
　　　　　9:00～11:30、14:30～16:30
●わくわく広場
　・こども園や幼稚園の施設見学と交流活動
　・開催／年4回程度 10:00～11:00
●育児講座
　・外部から講師を招いてのイベント開催
　・講座開催（例）
　　食育の会、ベビーマッサージ、親子ヨガ、運動遊びなど
　・開催／月2回程度 10:00～11:30
※これら五つの年間活動予定を記載した「子育て支援カレンダー」を町ウェブサイトに掲載

育児講座（運動遊び）

●一時預かり
　対象児／次の条件を全て満たす乳幼児
　　　　　①生後10カ月以上 ②町内在住
　　　　　③未入園児
　利用理由／保護者の就労、出産など
　利用料／1日700円～1500円※年齢や預かる時間によって異なる
　利用時間／月～金曜8:00～16:00

子育て世代包括支援センター
（保健福祉課）

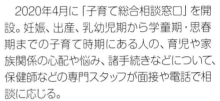

2020年4月に「子育て総合相談窓口」を開設。妊娠、出産、乳幼児期から学童期・思春期までの子育て時期にある人の、育児や家族関係の心配や悩み、諸手続きなどについて、保健師などの専門スタッフが面接や電話で相談に応じる。
●川崎町の取り組みの特徴
　・相談内容に応じて関係機関と協力して取り組む
　・地区を担当する保健師が、顔の見える関係を大切にしながら、出産前から長く切れ目なくサポートする

子育て支援 県内トップクラス！

<出産時>
●健やか誕生祝い金（保健福祉課）
　子どもが誕生したときに、祝い金を支給する。
　・第1子、第2子…祝い金10万円
　・第3子以降…祝い金30万円
●産後ケア事業
　出産後（1歳まで）の母親と乳児のためのサポート。宿泊型は日額1500円、日帰り型は日額1000円、訪問型は日額500円。各種7日まで利用可。

<乳児>
●乳幼児応援助成券支給（保健福祉課）
　紙おむつやミルクなどの購入を助成する。
　・出生から1年間、毎月1万円、年間で12万円を支給
<誕生から18歳まで>
●子ども医療費助成事業（保健福祉課）
　18歳の年度末まで、医療費を助成する。
　・健康保険適用分を助成
　　※ただし、入院中の食事療養費は半額助成

<小・中学生>
●児童教室（放課後児童クラブ）（幼児教育課）
　町内全ての小学校に、児童教室を設置している。
　・利用料／月額2000円、おやつ代月1500円
　・兄弟姉妹で在籍時の利用料／
　　2人目半額、3人目以降無料
●学校給食費軽減事業（学務課）
　小・中学生の給食費を助成する。
　・兄弟姉妹で小・中学校のいずれかに在学時の給食費が2人目以降無料

JForest
川崎町森林組合

代表理事組合長　最上　昇

柴田郡川崎町大字前川字北原21-1
TEL0224-84-4422
FAX0224-84-4830

体育館・武道場・総合運動場・プールがご利用いただけます

川崎町B&G海洋センター

川崎町総合型スポーツクラブ「運動笑楽校」
B&G海洋センター内で設立。子どもから大人まで町民がスポーツに親しみ自ら実践し、体力づくりや生活習慣病の予防を目的とした健康づくりをとおし、地域交流の普及と振興、育成に関する事業を行います。幼児・小学生・成人会員がスポーツでハッスルします。

利用時間　月曜日～土曜日 午前9時～午後9時
　　　　　日曜日 午前9時～午後5時
休館日　　日曜日の夜間　年末年始

利用方法・料金など詳細に関してはお気軽にお問い合せください
川崎町大字川内字北川原山92　TEL0224-84-2277　FAX0224-86-5508

「子育て支援 日本一」を目指すまち

丸森町

〒981-2192
丸森町字鳥屋120
TEL0224-72-2111
人　口／1万2263人
世帯数／4944世帯
面　積／273.3平方㌖
（2022年11月1日現在）

WARASKO
妊娠期から18歳までの相談窓口

丸森町PR大使
しょこ丸

【主な子育て関連部署】
● 子育て定住推進課
　子ども家庭班
　TEL0224-87-7521
　保育支援班
　TEL0224-72-3013

○ 子育て相談窓口「WARASKO」

ワラスコ

子育て定住推進課子ども家庭班内にある妊娠期から子育て期までの総合相談窓口。母子手帳交付からきめ細やかな支援を行う。電話、対面、メールで、妊娠・育児中の困りごとなどをなんでも気軽に相談できる。
相談時間／8：30〜17：15
問／WARASKO TEL0224-87-7521

○ 電子母子手帳「まるもりすくすくナビ」

予防接種や成長記録の管理が行えるとともに、アプリを通じて町から妊娠・子育て世帯に役立つ情報も配信する。
問／WARASKO TEL0224-87-7521

充実の子育て支援

● 子ども医療費助成
　18歳までの子どもを対象に、通院・入院など医療機関での自己負担額を全額助成する。
● 子育て支援センター
　町内2カ所に設置。子どもの遊び場や育児相談、情報交換の場として利用できる。
● 一時保育事業
　保護者の育児ストレスや疲労の解消を目的

○ 乳児家庭全戸訪問・ブックスタート事業

赤ちゃん訪問と併せて読み聞かせと絵本のプレゼントを実施。保健師や助産師も一緒に訪問するので個別に育児相談もできる。
問／WARASKO TEL0224-87-7521
　　丸森町社会福祉協議会
　　TEL0224-72-2241

○ 家事・育児支援サービス利用応援事業

子育て家庭の家事・育児負担軽減のため、家事代行やキッズシッターなどの利用に充てられる5万円分の「WARASKOクーポン」を交付する。未就学児のいる世帯が対象。
問／WARASKO TEL0224-87-7521

○ オンライン医療相談

日々の体調や心配ごとを相談できる「産婦人科・小児科オンライン」（KidsPublic提供）を、町民なら無料で何度でも利用できる。公式LINEでは妊娠・出産・育児に役立つコラム

とし、保育施設に入所していない子どもの一時的な預かりを行う。※子どもが2歳未満の場合、利用クーポンの交付あり
● 病後児保育事業
　風邪などの症状や病気からの回復途中で静養の必要がある子どもを保護者がやむを得ず看護できない場合、看護師などの専門スタッフによる預かりを行う。

掲載やライブ配信もある。会員登録には町民限定の「合言葉」が必要。
問／WARASKO TEL0224-87-7521

○ 妊娠・出産祝金の支給

妊娠届時に3万円分のギフト券を贈呈。転入してきた妊婦も対象。出産した後は10万円の現金を町長が贈呈し、丸森っ子の誕生をお祝いする。
※金額は2022年度の例
問／WARASKO TEL0224-87-7521

○ 第2子以降保育料等無料化

町内の保育施設を利用する子どもが第2子以降の場合、保育料や副食費を無料化し、育児の経済的な負担を軽減する。
問／子育て定住推進課保育支援班
　　TEL0224-72-3013

○ しあわせ丸森暮らし応援事業補助金

15歳までの子どもがいる世帯や45歳未満の夫婦に対して、新築住宅取得や住宅リフォーム資金などを助成する。
・新築住宅取得（最大300万円）
・住宅リフォーム支援（最大100万円）
・新生活応援（民間賃貸住宅）（最大10万円）
問／子育て定住推進課定住推進班
　　TEL0224-51-9905

指定整備工場

有限会社 サシン自動車

車検・整備　鈑金塗装・車両販売

━ 営 業 時 間 ━
9：00〜17：30

━ 定 休 日 ━
日曜日・祝日
※年末年始・5月連休・8月連休あり

伊具郡丸森町中島95-3
TEL0224-72-1745　FAX0224-72-6091

農業を体験しながら丸森の自然や地域住民と交流しませんか？

不動尊クラインガルテン
全18区画
（1区画300㎡、住宅43㎡、畑150㎡）
伊具郡丸森町字上滝西35-5

問／丸森町不動尊市民農園管理組合
TEL0224-73-1150

━ 共通項目 ━

使用料
年間36万円（光熱費別途）

使用期間
1年単位で最長3年まで

申込資格
月間2泊以上、又は4日以上通園、有機栽培の実践等

筆甫クラインガルテン
全8区画
（1区画300㎡、住宅51㎡、畑150㎡）
伊具郡丸森町筆甫字中下30-3

問／筆甫クラインガルテン管理組合
TEL0224-76-2230

丸森町農林課農村整備班 TEL0224-72-3026

石巻エリア

子育て行政サービス

石巻市観光PRキャラクター
いしぴょん・いしぴょんず・いしぴぃ

スマイル子育て・石巻
～子どもの笑顔・育てる喜びあふれるまち～

石巻市

〒986-8501
石巻市穀町14-1
TEL0225-95-1111
人　口／13万7184人
世帯数／6万2275世帯
面　積／554.55平方㌔。
（2022年10月31日現在）

【主な子育て関連部署】
●子育て支援課・子ども保育課・
健康推進課・保険年金課
TEL0225-95-1111

石巻市子育て世代包括支援センター「いっしょ issyo」

妊娠期から子育て中の方を対象とした総合窓口で、妊娠、出産、子育てに関するさまざまな相談や情報提供を行っている。
問／子育て支援課相談直通
　　TEL0225-24-6848
　　いっしょ issyoへびた
　　TEL0225-24-6878
　　いっしょ issyoえきまえ
　　TEL0225-98-4158

助産師による産前産後・心とからだのトータルケア・妊産婦相談

妊婦およびその家族を対象とした講座。妊娠、出産、子育てに関する知識が得られる。また、個別に妊娠中や産後の母乳栄養や育児について助産師が相談に応じる。1人1時間程度で要予約。
問／子育て世代包括支援センター
　　いっしょ issyoえきまえ
　　TEL0225-98-4158

育児ヘルパー事業

「家事・育児が大変で余裕が持てない」「産後、手伝ってくれる人がいない」等の家庭に対して育児ヘルパーを派遣し、育児や家事の手伝いを一緒に行う。
対象者／市内に住所を有し、妊娠中（母子健康手帳の交付を受けた方）および産後で、出産前後に日中家事や育児を手伝ってくれる人がいない方
期間／母子健康手帳交付後から産後6カ月の前日まで
回数／原則20回以内
　　　（多胎児の場合30回以内）

問／子育て支援課
　　TEL0225-95-1111（内線2554）

妊婦歯科健康診査事業

妊娠中に指定歯科医療機関で、無料で歯科健診を1回受けられる。
妊娠期はつわりによる不十分な歯みがき、女性ホルモンの変化等により、むし歯や歯周病になりやすい。重度の歯周病は早産や低体重児出生に影響を及ぼすといわれている。
赤ちゃんが生まれると自分のための時間をつくることが難しくなるため、ぜひこの機会に受診しよう。妊婦歯科健康診査は、安定期の体調の良いときに受診を。
対象者／市内に住所を有し、妊婦歯科健康診査受診券の交付を受けている妊婦
実施場所／指定歯科医療機関
　　　　　※指定歯科医療機関に直接電話予約後、受診する
問／健康推進課
　　TEL0225-95-1111（内線2417）

手作りおもちゃが大活躍

みんなで仲良く出発進行

医療法人社団 信和会
ものうファミリークリニック
小児科・内科
乳幼児からお年寄りまで
駐車場完備
60台駐車可能
院長（小児科専門医）河野秀信
副院長（内科）齊藤　保
宮城県石巻市桃生町中津山字八木167-4
TEL0225-76-4024
FAX0225-76-4030
受付時間／7:30～17:30　休診日／水・日・祝日
http://www.famikuri.com/

マイナス1歳からの虫歯予防
SAKAI OTONAKO DOMO SHIKA
坂井おとなこども歯科
院　長　坂井　清隆
副院長　坂井　典子

診療受付時間	月	火	水	木	金	土	日	祝
9:00～17:00	●	●	休	●	●	●	休	休

休診日／水曜・日曜・祝日
（祝日を含む週は水曜診療）
診療時間／9:00～17:00
土曜診療
石巻市中里3丁目1-11
TEL0225-22-4618

自然を愛し未来の郷土づくりで地域に貢献する
株式会社 武山興業
令和3年度
「いきいき男女・にこにこ子育て応援企業」
知事表彰 優秀賞
本社／石巻市小船越字二子北上111番地
TEL0225-62-3760(代)
http://www.takeyama-kogyo.com

市子育て支援センター

サツマイモ掘りなどイベントを開催

未就学児が安心して遊べるスペースが市内各地にある。子育て中の親子が集い、仲間づくりを通して子育てに関する相談や情報交換などが行える。子どもの年齢に応じたイベントもあり、スケジュールは市ウェブサイトで随時公開している。

対象者／未就学児とその保護者（イベントにより異なる）
申し込みできる人／対象となる本人
利用料／無料（イベントなどで費用が必要になる場合がある）
申し込み／不要（イベントによっては必要な場合がある）

●湊子育て支援センター
　TEL0225-94-2366
●渡波子育て支援センター
　TEL0225-25-0567
●河北子育て支援センター
　TEL0225-61-1601
●雄勝子育て支援センター
　TEL0225-25-6331
●河南子育て支援センター
　TEL0225-72-4670
●桃生子育て支援センター
　TEL0225-76-4521
●北上子育て支援センター
　TEL0225-66-2177

●牡鹿子育て支援センター
　TEL0225-45-2197
●釜子育て支援センター
　TEL0225-24-6113
●なかよし保育園地域子育て
　支援センター
　TEL0225-96-4551
●マタニティ子育てひろば
　スマイル
　TEL0225-98-5322
●にじいろひろば
　TEL070-1142-9332

子育て応援サイト「石巻市子育てタウン」

子育てに関する行政サービス情報を探しやすく、分かりやすく紹介するウェブサイト。子育ての情報集めに活用を。
https://ishinomaki-city.mamafre.jp
問／子育て支援課
　TEL0225-95-1111（内線2553）

石巻市父子手帖（てちょう）

これから子どもを持つ父親に向けた子育て手帳。夫婦で楽しく子育てできるヒントがいっぱい。母子健康手帳交付時に配布している。

3歳未満の子どもがいる市民で希望する場合は、市役所2階の健康推進課19番窓口または各総合支所の保健福祉課窓口へ。市のウェブサイトからもダウンロードできる。
問／健康推進課
　TEL0225-95-1111（内線2426）

子育て応援アプリ「ISHIMO（イシモ）」

子育て世代の妊娠、出産、育児をサポートするため、子育て応援アプリ「ISHIMO」の運用を行っている。

子育て世代に必要な情報を伝える新たな情報発信手段として導入したもので、無料で利用できる。母子手帳アプリ「母子モ」をダウンロードして、自治体は「石巻」を選ぶ。家族でぜひ、活用しよう。

https://www.mchh.jp/login
問／子育て支援課
　TEL0225-95-1111（内線2553）

子ども医療費助成制度

0歳から18歳到達年度末日まで子どもの医療費を助成する。
問／保険年金課
　TEL0225-95-1111（内線2343）

おおば小児クリニック

TEL0225-93-9693
予約専用／93-5545

医院創設者　大場　明
院　　長　大場　泉
石巻市門脇字青葉西38-1
https://ooba-child.jp/index.html

診療時間	月	火	水	木	金	土	日
9:00〜12:00	●●	●	●	●	●	●●	／
14:00〜15:00	■	■	●	／	■	／	／
15:00〜17:30	●	●	●	／	●	／	／

休診日　木曜午後、日曜・祝日
● 一般外来　　■ 予防接種
● 乳幼児健診　● アレルギー慢性外来

住みつづける人への環境と耐震性を提供します

IP 石巻合板工業株式会社

取締役社長　野田　四郎

石巻市潮見町4-3 TEL0225-96-3112
東京営業所 TEL03-5829-6691
東部営業所 TEL0225-96-3315
http://www.ishinomaki.co.jp

環境と安心をかたちに。
それが私たちの仕事です。

笑顔がイート 子育てイ～ナ
ひがしまつしま

東松島市

〒981-0503
東松島市矢本字上河戸36-1
TEL0225-82-1111
人　口／3万8957人
世帯数／1万6522世帯
面　積／101.30平方㌔。
（2022年11月1日現在）

東松島市キャラクター
イート＆イ～ナ

【主な子育て関連部署】
●子育て支援課・健康推進課
　TEL0225-82-1111

○　子育て支援ガイドブック

　妊娠時から18歳未満までの子育て関連情報を分かりやすく掲載した子育て支援ガイドブック。

　矢本および鳴瀬子育て支援センター、図書館、市役所本庁舎（子育て支援課、健康推進課）および鳴瀬総合支所の窓口などに設置している。

　ガイドブックは東松島市と共同発行の協定を締結した「サイネックス」（本社／大阪市）が募集した市内の事業所などからの広告収入で製作した。

　右記QRを読み込むと電子書籍版が閲覧できる。別途アプリのダウンロードが必要。
問／子育て支援課 TEL0225-82-1111

○　ICTを活用したさまざまな サービス

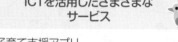

●子育て支援アプリ
　「すくすくアプリひがマーチ」
　妊娠期の体調や子どもの成長を記録し、

　東松島市の子育て情報の検索・通知の受け取り、予防接種スケジュール管理などができる便利な機能が充実したアプリ。月額料金は無料（通信料は利用者負担）、アプリは下記QRからダウンロードを。

↑
アプリの
インストールは
こちら

●YouTube「イートくんチャンネル」
　東松島市のキャラクター「イートくん」が、離乳食の進め方やイヤイヤ期への対応などを分かりやすく紹介している。視聴は下記QRから。

↑
「イートくん
チャンネル」は
こちら

●クックパッド「ヒガマツ大学食育学部」
　レシピ検索サイト「クックパッド」で、地元の食材を使った離乳食レシピなどを公開している。閲覧は下記QRから。

↑
レシピは
こちら

問／健康推進課 TEL0225-82-1111

○　妊娠や出産・子育ての相談

　出産や子育て、子どもやお母さんの体調など気がかりなことや聞いてみたいことがあるときは、保健師や助産師、栄養士に相談を。随時電話、来所、訪問などでの相談を受け付けている。また、「妊産婦・子どもの健康相談」「子どもの心理相談会」を定期的に開催している（日程は市報で確認）。
問／子育て世代包括支援センター
　　（健康推進課内）
　　TEL0225-82-1111

○　産前産後ヘルパー事業

　「妊娠中、安静に過ごすように言われたが家事を手伝ってくれる人がいない」「出産後の子育てが大変で家事をする余裕がない」「出産後、赤ちゃんのお世話を手伝ってくれる人がいない」など、妊娠中や出産後に日中家族の支援が受けられない家庭に対し、ヘルパーが家事や子育ての手伝いをする。
対象／下記全てに該当する人
　●妊娠中（母子健康手帳の交付を受けた人）または出産後のお母さん（産後6カ月未満まで利用可）
　●東松島市に住民票がある
　●日中家事や子育てを手伝ってくれる人がいない
支援内容／日常的に行う必要がある家事（調理、住居内の掃除、洗濯、買い物など）と育児（おむつ交換、衣服の着脱、授乳や沐浴の介助など）の手伝い
問／子育て世代包括支援センター
　　（健康推進課内）
　　TEL0225-82-1111

スタッフ
募集中

四季の里
デイサービス
有料老人ホーム
居宅介護支援

幸せと有意義な人生の為のお手伝い

矢本
東松島市小松
字稲田60-1
・有料老人ホーム 四季の里
・デイサービスセンター 矢本菜の花
・四季の里居宅支援事業所
TEL0225-84-1966

小野
東松島市小野
字出来沼9-2
・小野デイサービスセンター 菜の花
・有料老人ホーム お泊り処菜の花
TEL0225-86-1305

身近な健康パートナー

藤野整形外科

整　形　外　科
リハビリテーション科
院長　藤野 浩太郎

診療時間		月	火	水	木	金	土	日	祝
午前	9:00～11:45	○	○	○	▲	○	○	－	※
午後	14:00～17:45	○	○	○	－	○	○	－	※

▲は9:00～11:30まで
※祝日の診療につきましてはお電話にてご確認ください
【休診】木曜午後・土曜午後・日曜日
宮城県東松島市矢本字大溜25-1
TEL0225-83-2121

CONNECT YOUR FUTURE
～未来へ繋げ～

・電子部品製造全般　・成形/プレス金型設計製作

【挑戦する心】【助け合う心】【思いやる心】
私達はこの3つの心を何よりも大切に考える会社です

大倉工業株式会社

響事業所　鳴瀬工場
東松島市川下字内響131-107
TEL0225-86-1681 FAX0225-87-4641

産後ケア事業

「母乳やミルクが足りているか不安」「少しゆっくり休みたい」「おっぱいのケア方法を教えてほしい」「産後の体調がすぐれない」「赤ちゃんのお世話の仕方が合っているか分からない」「家族が忙しく、日中赤ちゃんと二人きりで不安」など、出産したお母さんが安心して子育てできるようサポートする。
対象／下記全てに該当する人
●産後5カ月未満のお母さんと子ども
●東松島市に住民票がある
●子ども・お母さんの体調や子育てについて話したい・聞いてみたいことがある
支援内容／子どものケアは体重測定等成長の確認、お母さんのケアは心と体の休息のお手伝い、授乳の相談（乳房マッサージを含む）、子育ての相談
問／子育て世代包括支援センター
（健康推進課内）
TEL0225-82-1111

ファミリーサポート事業

家族が仕事や用事で子どもを見ることや送迎ができない場合、地域ぐるみで行う子育て支援活動。子育ての支援を受けたい人と、支援できる人がそれぞれ会員登録し、相互の

ファミリーサポート事業を上手に活用しよう

信頼関係のもとに、了どもを預けたり預かったりする。
対象／
●依頼会員…東松島市に在住か、東松島市内の事業所などに勤務し、子どもを預かってほしい方。生後2カ月から小学6年生までの子どもがいる方
●提供会員…東松島市に在住で子どもを預かることのできる方。心身ともに健康な20歳以上で、安全に子どもを預かることができる方（事務局が主催する講習会を受講することが必要）
※依頼会員と提供会員の両方に登録することもできる
※会員になるためには、ファミリーサポートセンター（矢本子育て支援センターほっとふる内）で入会申し込みをする
利用法／
●育児援助が必要なとき、依頼会員の就業や私用により子どもを預かってほしいとき、リフレッシュしたいとき
具体例／
1.保育所、幼稚園および学童保育への送迎
2.保育所、幼稚園および学童保育終了後の子どもの預かり
3.幼稚園および学校の夏休みなどの子どもの預かり
4.保護者の急病や急用などの場合の子どもの預かり
5.冠婚葬祭や他の子どもの学校行事の際の子どもの預かり
など。
利用時間／7:00〜21:00の援助を必要とする時間。宿泊は不可
　　　　※ただし、依頼会員と提供会員の合意があれば、上記以外の時間帯の援助活動も可。この場合の報酬は1時間当たり700円
1時間当たりの費用／
●月〜金曜7:00〜19:00…600円
●月〜金曜19:00〜21:00…700円
●土・日曜、祝日、年末年始
（12月29日〜1月3日）…700円
※1時間を越える場合は30分単位で計算
※子どもの送迎にかかる費用、おやつなどは実費で別途依頼会員の負担
※2人以上の子ども（きょうだいの場合に限る）に支援を受ける場合の2人目以降の報酬は、1時間当たり報酬額の2分の1
支払い法／児童の引き取りの都度、依頼会員は提供会員に報酬を支払う
問／矢本子育て支援センターほっとふる
　　TEL0225-84-2676

子育て支援センター

子育てのさまざまな相談ができる。また、子どもがのびのびと遊べ、親子や子ども同士で触れ合える。

●矢本子育て支援センター ほっとふる
TEL0225-84-2676

▲窓が多く明るい空間

●鳴瀬子育て支援センター あいあい
TEL0225-87-2338

▲さまざまな遊具がそろう

一時保育事業

保育所では、保護者の疾病、冠婚葬祭、看病介護などにより一時的に保育が必要な児童を対象とした一時保育を行っている。
利用時間／8:30〜16:30（日曜、祝日を除く）
利用料／●2歳児以下　4時間以上2000円
　　　　　　　　　　4時間未満1000円
　　　　●3歳児以上　4時間以上1400円
　　　　　　　　　　4時間未満700円
※保育所の都合などにより、対応できない場合がある
問／子育て支援課 TEL0225-82-1111

「親子で読書マラソン」をはじめよう！
絵本を通して親子の絆を深め、読書へのはじめの一歩に。

東松島市図書館

東松島市矢本字大溜1-1
TEL0225-82-1120

東松島市図書館　検索

東松島市震災復興伝承館

施設内及び周辺地域のインフォメーションコーナー

1階 展示スペース【テーマ：震災からの復興の記録】
・復興の記録
・それぞれの復興（産業、福祉、教育、観光等）
・これからの東松島（SDGs、スポーツ健康都市）
・青い鯉のぼりプロジェクト　・全国自治体派遣職員紹介

2階 展示スペース【テーマ：東松島市の震災の記憶・教訓】
・被害状況の記録写真パネル展示
・震災アーカイブ映像の上映（座席数40）

インスタはじめました。
フォローお願いします。　　eastmatsushima_fukko_official

概　要	
営業・開館時間／9:00〜17:00	
定休日／毎月第3水曜日、年末年始	
料金／入館無料	
所要時間／30分〜1時間	
予約／10名以上の団体の場合、要連絡（TEL）	
収容人数／1名〜60名まで（映像視聴座席数40席、立見であれば60名まで可）	

お問い合わせ TEL0225-86-2985
〒981-0411 宮城県東松島市野蒜字北余景56-36（旧JR野蒜駅）
駐車場【東側】乗用車17台、障害者用2台　【西側】乗用車53台、大型車5台

アクセス
車：三陸自動車道鳴瀬奥松島ICより車で約10分
電車：JR野蒜駅より徒歩15分

子どもの声がこだまする
笑顔あふれるまちづくり

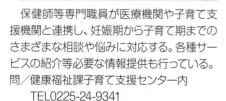
女川町

〒986-2265
女川町女川1-1-1
TEL0225-54-3131
人　口／6014人
世帯数／3029世帯
面　積／65.35平方キ。
（2022年10月31日現在）

女川町観光キャラクター
シーバルちゃん

【主な子育て関連部署】
●健康福祉課
　TEL0225-54-3131
●保健センター
　TEL0225-53-4990
●子育て世代包括支援センター
　TEL0225-24-9341
【町の病児病後児保育室】
●「じょっこ おながわ」
　TEL0225-53-5511

子育て世代包括支援センター

保健師等専門職員が医療機関や子育て支援機関と連携し、妊娠期から子育て期までのさまざまな相談や悩みに対応する。各種サービスの紹介等必要な情報提供も行っている。
問／健康福祉課子育て支援センター内
　　TEL0225-24-9341

おながわすくすくナビ（母子手帳アプリ）

専用アプリを導入し、妊娠から出産、育児まで子育ての支援情報を発信している。登録無料。アプリのダウンロードはこちら。
問／健康福祉課 TEL0225-54-3131

子育て支援センター

子育てに関する相談や地域情報の提供、子育てサークルへの支援や、各種子育て支援の講習会、一時預かり事業などを実施している。
場所／町役場庁舎1階

日時／月～金曜9:00～17:00
　　　（自由開放で来所の場合は16:30まで）
休／土・日曜、祝日、年末年始
利用料／無料（事業によっては有料）
問／健康福祉課 TEL0225-54-3131

産後ケア事業

出産や育児による体の疲れや育児不安を減らし、安心して子育てができるように実施している。
対象／女川町に住所があり、体調や育児などに不安がある方
種類／訪問型：1回につき2時間程度。産後1年未満の期間内に3回まで利用可
　　　デイサービス型：10:00～15:00。産後5カ月未満の期間内に1回利用可
内容／健康状態の確認、乳房ケアを含む授乳アドバイス、育児相談、お子さんの発達発育状態の確認
利用料金／1回につき2000円
　　　※町県民税非課税世帯は1000円、生活保護世帯は無料
問／健康福祉課 TEL0225-54-3131

病児病後児保育室「じょっこ おながわ」

保護者の子育てと就労の両立を支援するため、病気中または回復期にある子どもを一時的に保育する。
利用するには、事前に登録が必要。
対象／
・おおむね小学3年生以下の子ども
・町内に住所を有する子ども
・町内に勤務先を有する保護者の子ども
・町内に住所を有しないが、町内の保育所ま

たは小学校に在籍する子ども
利用時間／8:30～17:00
休／土・日曜、祝日、年末年始　定員／6人
問／女川町地域医療センター
　　病児病後児保育室「じょっこ おながわ」
　　TEL0225-53-5511

子ども医療費助成

出生から18歳到達年度まで、健康保険適用となる医療費ならびに入院時に負担する食事療養費について助成している。保護者の所得による助成の制限はない。
問／健康福祉課 TEL0225-54-3131

母子父子家庭医療費助成

18歳到達年度までの子どもを持つ一人親世帯の経済的負担軽減を図るため、健康保険適用となる医療費と入院時に負担する食事療養費の一部を助成している。所得による助成の制限はない。
助成内容／
外来…1件につき1000円を超えた自己負担額
入院…1件につき2000円を超えた自己負担額
問／健康福祉課 TEL0225-54-3131

「輝望（きぼう）の椅子」事業

女川町産杉材で制作した子ども用の椅子または時計付き写真立て（名前、生年月日入り）をプレゼントする。
対象／女川町に住民票を有し、2014年4月1日以降生まれの子ども
問／産業振興課 TEL0225-54-3131

女川町生涯学習センター図書室
（通称：女川つながる図書館）
当館のイベントや新着・おすすめ図書などを中心に
SNSで情報発信しています。

| 開館時間 | 平日／10:00～20:00
土・日・祝／10:00～17:00 |
| 休館日 | 毎月最終水曜、年末年始 |

牡鹿郡女川町女川一丁目1-1 TEL0225-90-3217

女川町まちなか交流館

ご案内

開館時間●9:00～21:00
休 館 日●毎月第2・第4火曜日
　　　　（祝日の場合は翌日）
　　　　年末年始（12/29～1/3）
貸 施 設●ホール、会議室、
　　　　音楽スタジオ、調理室、
　　　　多目的室

女川町女川二丁目65番地2　TEL0225-24-6677 FAX0225-24-6679

気仙沼エリア

子育て行政サービス

気仙沼市

子どもの笑顔を育めるまち
人と人とがつながるまち

〒988-8501
気仙沼市八日町1-1-1
TEL0226-22-6600
人　口／5万9141人
世帯数／2万6254世帯
面　積／332.44平方㌖
（2022年10月31日現在）

気仙沼市観光キャラクター
海の子 ホヤぼーや

【主な子育て関連部署】
● 保健福祉部子ども家庭課
　TEL0226-22-6600
　（内線435、441、442、443、445、
　276）
● 市民健康管理センター「すこやか」
　TEL0226-21-1212
● 唐桑総合支所保健福祉課
　TEL0226-32-4811
● 本吉保健福祉センター「いこい」
　TEL0226-25-7645
● 教委学校教育課
　TEL0226-22-3441
● 教委生涯学習課
　TEL0226-22-3442

子育てタウンミーティング

気仙沼市では「安心して子育てを楽しめるまち」を目指し、子育て中の市民や子育て支援団体と意見交換、グループワークを行う「子育てタウンミーティング」を実施している。

子育てに関する課題などを共有し、官民が連携して「子育てしやすいまちづくり」への取り組みを推進している。

誕生祝金事業

未来を担う子どもの誕生を祝福するとともに、子育て世代の経済的負担軽減を目的に、生まれた子ども1人につき3万円分の商品券を贈呈する。
対象／出生時、市内に住民登録した子どもの保護者
申請・問／子ども家庭課児童福祉係
　　　　　TEL0226-22-6600（内線276）

1stバースデイプレゼント事業

1歳の誕生日記念として絵本をプレゼントし、1歳ごろの子育てに関する情報を提供する。
対象／満1歳を迎える子どもとその保護者
申請・問／子ども世代包括支援センター
　　　　　「すこやか」TEL0226-29-6446
　　　　　唐桑総合支所保健福祉課
　　　　　TEL0226-32-4811
　　　　　本吉保健福祉センター
　　　　　「いこい」TEL0226-25-7645

けせんぬま子育て情報「ぽけっと」

市の子育て・支援情報をまとめ、アプリで発信している。アプリでは子育て情報誌を電子書籍で閲覧できるほか、子育てイベントなどの最新情報をプッシュ通知で受け取れる。アプリのダウンロードはこちら。

　Android版　　　iOS版

問／子ども家庭課児童福祉係
　　TEL0226-22-6600（内線276）

気仙沼児童センター・児童館

0歳から18歳までの子どもとその保護者が気軽に遊んだり学んだりできる"みんなの居場所"。居住地にかかわらず利用可。
・気仙沼児童センター TEL0226-23-4648
　開館日時／火～日曜9:00～17:00
　　　　　　（第2・4日曜、祝日、年末年始を
　　　　　　除く）
・赤岩児童館 TEL0226-22-6879
・鹿折児童館 TEL0226-22-6877

市民や支援団体のスタッフが参加した子育てタウンミーティング

自然とふれあい どうぶつとあそぶ
モ～ランド
営／9:00～16:00　休／月・火曜日（祝日の場合はその翌日）
気仙沼市本吉町角柄15-4　TEL0226-43-2468
https://www.moolandmotoyoshi.com/

子どもの大事な身体を作る 魚肉タンパク！
気仙沼蒲鉾
千 かねせん
気仙沼市魚町1丁目5-6　TEL.0226-25-7616

気仙沼市津波一時避難ビル
株式会社 小野万
気仙沼パークホテル
〒988-0037　宮城県気仙沼市魚市場前6-23
TEL.0226-24-3489　FAX.0226-24-3488
予約専用フリーダイヤル 0120-89-1139
URL. http://www.onoman.co.jp/parkhotel/
E-mail. parkhotel@onoman.co.jp/

・鮪立児童館 TEL0226-32-3189
・大島児童館（大島小内）
　TEL0226-28-2655
児童館開館日時／火～土曜9:00～17:00
　　　　　　　　（祝日、年末年始を除く）

○ 子育て支援センター

　乳幼児親子の交流や情報交換、育児相談などができる。
・気仙沼子育て支援センター
　（気仙沼児童センター内）
　開館日時／火～土曜10:00～16:00
　　　　　　（祝日、年末年始を除く）
　問／TEL0226-23-4648
・本吉子育て支援センター（津谷保育所内）
　開館日時／月～金曜10:00～16:00
　　　　　　（祝日、年末年始を除く）
　問／TEL0226-42-2031

誕生日をお祝い

○ 子育て短期支援事業

　保護者が病気や仕事の都合などにより、子どもの養育が困難な場合に一時的に預かる。ショートステイ（24時間以内の利用、原則9:00～、1カ月に7日以内）とトワイライトステイ（17:00～23:00）がある。
対象／市内在住の満1歳以上の子ども
利用料／子どもの年齢、保護者の所得に応じた実費負担あり
実施場所／社会福祉法人旭が丘学園内 旭が
　　　　　丘学園児童家庭支援センター
申請・問／子ども家庭課児童福祉係
　　　　　TEL0226-22-6600（内線276）

○ 気仙沼市ファミリー・サポート・センター

　「子育ての手助けをしてほしい人」と「子育ての手助けをしたい人」が会員となり、信頼関係を築きながら地域ぐるみで子育てのサポートをする組織。会員登録料・年会費無料。アドバイザーが会員間の支援活動の調整を行い、活動を支援する。
問／気仙沼市ファミリー・サポート・センター
　（気仙沼児童センター内）
　TEL0226-23-4648

○ 産後ママ応援事業

　出産後1歳までの子どもがいるファミサポ利用会員を対象に、協力会員に支払った利用料を助成。妊娠中に相談・登録準備することで、出産後すぐに利用できる。生後2カ月までは母子が一緒の活動に限る。上の子どもの送迎や預かりも助成対象となる。
助成額／ファミサポ利用料全額、上限2万円/月
問／気仙沼市ファミリー・サポート・センター
　（気仙沼児童センター内）
　TEL0226-23-4648

○ 子育てほっとサロン

虫歯予防講座の様子

　子育て中のパパやママのために、お茶を飲みながら「ほっと」ひと息つける場所として開催。親同士で会話を楽しんだり、親子体操に取り組んだりするなど多彩な内容。参加費無料。
問／教委生涯学習課生涯学習係
　　TEL0226-22-3442
　　Eメール kyosho@kesennuma.miyagi.jp

○ 子育て世代包括支援センター「すこやか」

「すこやか」内には子どもと一緒に相談できるスペースを用意

　安心して「生む・育む・見守る」ことができる環境づくりのために整備された施設。母子健康手帳・父子健康手帳の交付、相談支援や情報提供など、妊娠期から子育て期までのさまざまなニーズに対応し、ワンストップで切れ目のないサポートを行う。専門の支援員が対応している。
所在地・問／市民健康管理センター
　　　　　「すこやか」内
　　　　　TEL0226-29-6446

○ ワクワク子育てプログラム

「おでかけ児童館」でイチゴの摘み取り体験

　妊娠・出産・子育て期のパパ・ママを対象に、子育て世代の交流を促進し、安心して楽しく子育てができるよう以下のプログラムを実施している。
・子育て支援セミナー
・父親の育児参加促進事業
・親子のふれあい事業（おでかけ児童館）
・産後ママとの交流会など
問／子ども家庭課育成支援係
　　TEL0226-22-6600
　　（内線441、442、443、445）
　　市民健康管理センター「すこやか」
　　TEL0226-21-1212

気仙沼の未来を担う子ども達を見守ります！
ブランド衣料・縫製加工
有限会社 エース産業
代表取締役 星 要一
気仙沼市本吉町坊の倉67-1
TEL0226-42-3939
FAX0226-42-3776

気仙沼復興商店
南町紫神社前商店街
murasaki
今日も元気に営業中！
気仙沼市南町2丁目4-10
TEL0226-25-9756
TEL090-8612-6031
気仙沼復興商店街

安全・安心、おいしいお米をお届けします
気仙沼米穀商業協同組合
㈱サンライスみやぎ
気仙沼市波路上向原51-1
TEL0226-48-5539
FAX0226-26-4055

南三陸町

〒986-0725
南三陸町志津川字沼田101
TEL0226-46-2600
人　口／1万2025人
世帯数／4460世帯
面　積／163.4平方㌔
（2022年10月31日現在）

南三陸町を明るく元気にする
キャラクター
オクトパス君

【主な子育て関連部署】
● 保健福祉課子育て支援係
　TEL0226-46-1402
● 保健福祉課健康増進係
　TEL0226-46-5113
● 子育て支援センター
　TEL0226-46-3042

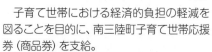

南三陸町子育て世帯応援券支給事業

子育て世帯における経済的負担の軽減を図ることを目的に、南三陸町子育て世帯応援券（商品券）を支給。

子育て世帯応援券は、南三陸商店会連合会が発行する商品券（1枚500円）で、町内の連合会加盟店舗で利用できる。

対象／①新たに出生した子ども（町内に住民票を置く子どもに限る）
②小学校入学予定児童（年齢満6歳に達した子ども、もしくは達する子ども）

応援券を受給できる人／対象児童の保護者
支給額／①子どもが生まれた時
　　●第1子……3万円分の世帯応援券
　　●第2子……5万円分の世帯応援券
　　●第3子以降…10万円分の世帯応援券
②小学校入学予定児童
　　●一律……1万円分の世帯応援券
受付／随時
支給回数／1回
申請手続き／
● 子どもが生まれた時の申請
…役場窓口、歌津総合支所および保健福祉課（総合ケアセンター南三陸1階）に備え付けの申請書に必要事項を記入の上、添付書類を添えて提出する。

※添付書類…世帯全員分の住民票の写し
● 小学校入学予定児童の申請
…小学校入学のお祝いとして支給するため、対象者に別途通知する。
提出先・問／保健福祉課子育て支援係
（総合ケアセンター南三陸1階）
TEL0226-46-1402

子育て支援センター

町内3カ所に設置し、家庭で保育する乳幼児やその家族、妊婦を対象に受け入れているほか、各種イベントなどを開催している。子育て情報の提供や子育てで困っている母親の相談・悩みも受け付けている。利用の際は電話で予約を。

開／● 地域子育て支援センター
　　月〜金曜 10:00〜12:00
　　　　　　13:00〜15:00
● 戸倉地区子育て支援センター
　　月〜水曜 10:00〜12:00
　　　　　　13:00〜15:00
● 歌津地区子育て支援センター
　　水〜金曜 10:00〜12:00
　　　　　　13:00〜15:00
サービス内容／
● 育児相談
　・電話相談…月〜金曜10:00〜17:00
　・来所相談…あらかじめ電話で連絡を
　（子どもを遊ばせながら支援センターの保育士が相談に対応する）
● おたのしみ会
　夏祭り、クリスマス会など季節の行事で交流を深める。内容によっては、申し込みが必要。
● 講習会
　育児が楽しくなるお話会や、子育てに関

子育てしやすい町を目指して各種イベントを開催

する講座を実施している。
　・親子体操教室
　・母親教室
　・栄養士による離乳食相談
　・保健師による子育て相談
● 自主活動・サークル活動の支援
子育て支援センターを利用する母親らが主体となってつくりあげていく活動の手伝いを実施。母親が元気になれる活動の支援も行っている。
● 子育て情報・お便りの発行
子育て支援センターだよりを定期的に発行。町の広報紙やウェブサイトなどでも情報を提供している。
● 一時預かり事業
2022年6月から地域子育て支援センターで一時預かり事業をスタートした。詳細は町の公式ウェブサイト内の「子育て支援センター」で確認を。
実施場所／地域子育て支援センター
対象／町に住所を有する1歳6カ月〜就学前までの子ども
開／月〜金曜9:00〜12:00（午前の部）、13:00〜16:00（午後の部）
料金／子ども1人につき「午前の部」と「午後の部」で各500円
所在地／南三陸町志津川字沼田14-3
（総合ケアセンター南三陸2階）
問／TEL0226-46-3042

学校法人 平成学園

あさひ幼稚園

あさひ幼稚園では、人と人との触れ合いを通じて「していい事と絶対にしてはいけない事」のけじめを知り、丈夫な体と自分で考え、創ることのできる、人間性豊かなこどもを育成しています。
また、お釈迦様の教えを基に、素直で明るい心と感謝の気持ちを養うことに努めています。

園長　小島 孝尋

本吉郡南三陸町
志津川字天王山38-141
TEL0226-46-3621
FAX0226-46-2244

地元漁業家とともに歩む

㈲ 志津川造船鉄工所
本吉郡南三陸町志津川字大森町205-7
TEL0226-46-2114　志津川造船 [検索]

9.1トン カンパチ養殖船「第八六八 光祥丸」
令和4年9月進水

7.9トン 牡蠣養殖船「魁」
令和4年9月進水

16トン 小型実習船「みさご」
令和4年3月進水

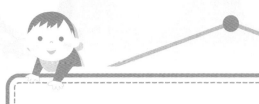

県北エリア

子育て行政サービス

宝の都（くに）・大崎
〜ずっとおおさき・いつかはおおさき〜

大崎市

〒989-6188
大崎市古川七日町1-1
TEL0229-23-2111
人　口／12万5843人
世帯数／5万2789世帯
面　積／796.75平方㌖。
（2022年10月1日現在）

大崎市公式キャラクター
パタ崎さん

©2013 大崎市#489

【主な子育て関連部署】
●子育て支援課
　TEL0229-23-6045
●子ども保育課
　TEL0229-23-6040
●松山総合支所市民福祉課
　TEL0229-55-5020

●三本木総合支所市民福祉課
　TEL0229-52-2114
●鹿島台総合支所市民福祉課
　TEL0229-56-9029
●岩出山総合支所市民福祉課
　TEL0229-72-1214

●鳴子総合支所市民福祉課
　TEL0229-82-3131
●田尻総合支所市民福祉課
　TEL0229-38-1155

（自由来館、育児サークルなど）
・子育てなどに関する相談
・子育て関連情報の提供（通信発行など）
・子育ておよび子育てに関する講習会などの
　実施（育児講座など）
・地域支援活動の実施
　（親子交流・自主サークルの育成支援など）
※各子育て支援センターで内容が異なる場
　合がある
問／大崎市子育てわくわくランド
　　（大崎市子育て支援拠点施設内）
　　TEL0229-24-7778
　　松山子育て支援センター
　　（あおぞら園内）
　　TEL0229-55-2564
　　三本木子育て支援センター
　　（ひまわり園内）
　　TEL0229-52-2529
　　鹿島台子育て支援センター
　　（なかよし園内）
　　TEL0229-57-2273
　　岩出山子育て支援センター
　　（岩出山保育所内）
　　TEL0229-72-1255

出産育児ヘルプ養育支援事業

　安心して子どもを産み育てられる環境にするため、出産前後で日中に家族の支援が受けられず、家事や育児が困難な家庭に育児ヘルパーを派遣する。
　以下のサービスが受けられる。
家事…食事の準備・後片付け、掃除、生活必需品の買い物など
育児…授乳・おむつ交換・沐浴（もくよく）の介助、兄姉の遊び相手など
対象／日中に家族の支援が受けられず、家事や育児を行うことが困難な人
期間／母子健康手帳交付時〜子どもが満1歳になる日（誕生日の前日）
回数／サービス提供を受けられる期間中、20回40時間まで。1回のサービス提供時間は上限2時間。1日に2回（上限4時間）まで利用できる
料金／
生活保護受給世帯、市町村民税非課税世帯…無料
市町村民税均等割課税世帯…1時間300円
市町村民税所得割課税世帯…1時間600円
利用可能時間／各事業所に準ずる
申し込み／
●必要なもの
・出産育児ヘルプ養育支援事業利用申請書

・印鑑
・母子健康手帳
●受付場所
子育て支援課子ども家庭相談担当
TEL0229-23-6048
松山総合支所市民福祉課
TEL0229-55-5020
三本木総合支所市民福祉課
TEL0229-52-2114
鹿島台総合支所市民福祉課
TEL0229-56-9029
岩出山総合支所市民福祉課
TEL0229-72-1214
鳴子総合支所市民福祉課
TEL0229-82-3131
田尻総合支所市民福祉課
TEL0229-38-1155
問／子育て支援課子ども家庭相談担当
　　TEL0229-23-6048

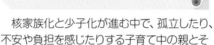

子育て支援センター事業

　核家族化と少子化が進む中で、孤立したり、不安や負担を感じたりする子育て中の親とその家族が、安心して子育てができ、子どもが健やかに育つよう、育児支援を行う。
●事業内容
・子育て親子交流の場の提供と促進

写真1

子育て世代を応援します！

高圧ガス容器検査

株式会社マルビシ高圧

代表取締役　菱沼　修

大崎市岩出山字下川原185-1
TEL0229-72-1570
FAX0229-72-2126

URL:http://www.kk-marubishi.co.jp/

Sunflower Katsu　東北の旅なら
ひまわり交通株式会社
合資会社共和タクシー

TEL0229-52-2324　FAX0229-52-2325
大崎市三本木南谷地字長寿院浦1-6
ひまわり交通 宮城　検索

医療法人 社団
千葉医院

院長　千葉　徹

	月	火	水	木	金	土
8:30〜11:30	●	●	●	●	●	●
13:30〜17:00	●	●(〜17:30)	休	●(14:00〜)	●	休

＜休診日＞日曜・祝日

大崎市古川駅前大通6-2-44
TEL0229-22-3228

鳴子子育て支援センター「ひかりの子」
（鳴子こども園内）
TEL0229-83-2153
田尻子育て支援センター
（すまいる園内）
TEL0229-38-2556

一時預かり事業

　家族の急病や冠婚葬祭、育児疲れの解消などの理由で、一時的に子どもを預けられるサービス。利用時は、直接各施設に確認を。
＜利用できる施設＞
●大崎市子育てわくわくランド
対象／生後6カ月〜就学前の健康な子ども
保育時間／9:00〜17:00（年末年始は休み）
保育料／1時間600円
　　　　（1時間以降30分ごとに300円）
　　　　※兄弟減免あり（2人目以降半額）
利用内容／登録制。主に短時間の預かり。利用時は子どもの健康保険証が必要
●岩出山保育所、松山あおぞら園、田尻すまいる園、三本木ひまわり園、鹿島台なかよし園、古川くりの木保育園
対象／生後6カ月〜就学前の健康な子ども
保育時間／8:00〜18:00
　　　　※延長あり。日曜、祝日および園長が別に定める日は休み
保育料／1時間300円、給食代500円

写真2

※兄弟減免あり
　（2人目は半額、3人目以降無料）
利用内容／利用上限は週3日。ただし、保護者の傷病、災害・事故、出産、看護・介護、冠婚葬祭など社会的にやむを得ない事由により緊急・一時的に家庭保育が困難となる場合は2週間まで
問／大崎市子育てわくわくランド
　　TEL0229-24-7778
　　岩出山保育所 TEL0229-72-1250
　　松山あおぞら園 TEL0229-55-2562
　　田尻すまいる園 TEL0229-38-2555
　　三本木ひまわり園 TEL0229-52-2333
　　鹿島台なかよし園 TEL0229-57-2271
　　古川くりの木保育園 TEL0229-91-5075

大崎市子育てわくわくランド

　家庭で子育てをしている親とその子どもの居場所をつくり、全ての子育て中の家庭を支援するための施設。乳幼児の託児、子育てに関する情報提供や相談対応などを行う。親子で一緒に遊べるスペースもある。
　また、子育て支援センターとファミリー・サポート・センター事業の事務所も兼ねる。
開／年末年始を除く毎日 9:00〜17:00
＜利用できるサービス・施設＞
●つどいの広場（自由来館）

写真3

子育て中の親とその子どもたちが交流できる集いの場所を提供。利用者登録が必要。
対象／就学前の子どもとその保護者
料金／無料
●子育てサポート保育事業（一時預かり）
　利用者の目的を問わず子どもを2、3時間程度預かる。（一時預かり事業参照）
●子育て関連情報の提供
　施設内で地域の子育て関連情報を提供。
●子育て相談
　子育てに関するさまざまな悩みや相談に対応。
●母子通園
　発達が気になる乳幼児が対象で、保護者と一緒に通園しながら集団保育を体験する。
問／大崎市子育てわくわくランド
　　TEL0229-24-7778

ファミリー・サポート・センター事業

　子育てを手伝ってほしい人と子育ての手伝いができる人が会員登録を行い、地域で子育てを行う仕組み。「用事があるので子どもを預かってほしい」など、困っている人、悩んでいる人が、センターから紹介される有償ボランティア会員に、一時的に子どもの保育を依頼できる。
対象／
●依頼会員（子育てを手伝ってほしい人）
市内に在住または勤務している人で、生後2カ月〜小学6年生の子どもがいる人
●提供会員（子育てを手伝いできる人）
①市内在住の20歳以上の人で、心身ともに健康で、預かる子どもに家族同様に接してあげられる人
②センターでの講習会（1日）に参加できる人
　※資格の有無は問わない
利用日時・料金／
月〜金曜7:00〜19:00…1時間600円
上記以外の時間および土・日曜、祝日、年末年始…1時間700円
問／ファミリー・サポート・センター
　　（大崎市子育てわくわくランド内）
　　TEL0229-22-3116

写真1〜3…「古川中央児童館」と「子育てわくわくランド」を合築し、2019年11月に大崎市子育て支援拠点施設「わいわいキッズ大崎」がオープン。従来の子育て支援サービスに加えて相談機能をより充実させ、就学前後の子どもが一緒に利用できる施設として誕生した
写真2…市のキャラクター「パタ崎さん」も登場　写真3…つどいの広場

わたなべ産婦人科
内科・小児科
妊婦健診、乳がん・子宮がん検診
予防接種、日帰り手術

受付時間	月	火	水	木	金	土	日祝
8:50〜11:30	●	●	●	●	●	●	
14:00〜15:00	●	予防接種		●	予防接種		
15:00〜17:00	●	●		●	●		

小児の予防接種は他の曜日、時間帯でも可
TEL0229-55-3535　松山高校近く
http://w-keyaki.clinic

社会福祉法人 明生会
広々園庭　静かな環境!!
モンテッソーリ教育を基に子どもたちがのびのびと活動しています
わかば保育園
わかば第二保育園
わかば第三保育園
大崎市古川南町4-4-25 TEL0229-24-3322
大崎市古川穂波8-13-32 TEL0229-22-3107
大崎市古川城西2-6-31 TEL0229-25-3220

心豊かな人材を育み、地域産業が発展し、にぎわいのある、生き生きとした暮らしができるまち

美里町

〒987-8602
美里町北浦字駒米13
TEL0229-33-2111
人　口　2万3566人
世帯数　9285世帯
面　積　74.99平方㌖
（2022年9月1日現在）

美里町公認キャラクター
みさとまちこちゃん

【主な子育て関連部署】
●子ども家庭課
　TEL0229-33-1411

子育て支援センター

　町内2カ所にあり、親子で気軽に利用できる。「子育てアドバイザー」が常駐。各種相談にも対応している。
＜内容＞
●図書館司書による絵本の読み聞かせ会
●季節ごとの各種行事、毎月の誕生会
●町の保健師・栄養士による育児相談　など
開／月～土曜9:00～17:00
休／日曜、祝日、年末年始
問／小牛田子育て支援センター
　　（小牛田保育所と併設）
　　TEL0229-32-1877
　　南郷子育て支援センター
　　（南郷児童館と併設）
　　TEL0229-58-0081

南郷子育て支援センター

小牛田子育て支援センター

一時預かり事業

　家庭の都合や保護者のリフレッシュなどの理由で保育を希望する場合、一時的に子どもを預かる事業を実施している。
＜受け入れ施設＞
なんごう保育園、食と森のこども園美里
対象／生後5カ月～就学前の子ども
　　　※なんごう保育園は子どもまたは保護者が町に住所を有する場合のみ利用可
保育日時／月～金曜8:00～16:00
　　　　　（祝日、年末年始を除く）
　　　　　※行事などで利用できない場合もあるため事前に問い合わせを
料金／
なんごう保育園
4時間以内…1000円、8時間以内…2000円
食と森のこども園美里
4時間以内…1200円、8時間以内…2400円
※特別な理由で時間を延長する場合はプラス300円
※食と森のこども園美里では希望者に園児と同じ給食を提供する（1歳6カ月から、300円）
申し込み・問／
なんごう保育園 TEL0229-58-1272
食と森のこども園美里 TEL0229-29-9761
※利用するには事前申請が必要。問い合わせは月～金曜8:30～17:15に受け付ける

ブックハロー

　本好きな子どもを育てることなどを目的に、健診時に絵本をプレゼントしている。
対象／1歳児

実施日時／1歳児育児相談時
場所／美里町健康福祉センターさるびあ館
問／小牛田図書館　TEL0229-33-3030
　　南郷図書館　TEL0229-58-1212

あつまれ3歳っこ

　幼児期から絵本に親しみ、図書館を楽しんでもらうための取り組み。楽しいお話会を実施するほか、仙台市出身の絵本作家とよたかずひこさんのイラスト入り特製利用者カード、特製利用者図書館バッグをプレゼントする。
対象／3歳児
実施日時／対象者に送る案内状に明記
場所／小牛田図書館（近代文学館1階）、南郷図書館（南郷庁舎1階）
問／小牛田図書館 TEL0229-33-3030
　　南郷図書館 TEL0229-58-1212

北浦遊園

ユニークな形の滑り台

　就学前の子どもとその保護者が一緒に遊べる公園。ブランコ、滑り台、ジャングルジムなどがある。一番人気は、前後に揺れる動物がモチーフの遊具「ロッキンパッピー」。ぐるぐる回るスピンボードは2番目に人気。
※必ず保護者の目の届く範囲で一緒に遊ぶように
所在地／美里町北浦字二又下29

公益財団法人

大場愛語会

理事長　大場　穣

遠田郡美里町南小牛田字町屋敷53番地
TEL0229-33-3121

美里町の青少年の健全育成のために奨学金の貸与を行っています。
詳細は令和5年1月号「広報みさと」をご覧ください。

こどもの笑顔をまんなかに

幼保連携型認定こども園
食と森のこども園美里
遠田郡美里町駅東2丁目17番地10
TEL0229-29-9761
https://shokutomori-misato.org

BRIDGESTONE

NO.1のリトレッドで
お客様と地球環境に貢献

ブリヂストンBRM株式会社
仙台事業所
（仙台工場/東北業務部）

遠田郡美里町二郷字佐野四号858
TEL0229-58-0381（代）

黄金花咲く交流の郷わくや
―自然・歴史を活かした健康輝くまち―

涌谷町

〒987-0192
涌谷町字新町裏153-2
TEL0229-43-2111
人　口／1万4982人
世帯数／5981世帯
面　積／82.16平方㌔
（2022年9月30日現在）

涌谷町観光PRキャラクター
桜部長
城山の金さん

【主な子育て関連部署】
●福祉課子育て支援室
　TEL0229-25-7906
●健康課健康づくり班
　TEL0229-25-7973
●教育総務課教育総務班
　TEL0229-43-2140

子育て家庭を応援

●子育て支援ガイドブック
　妊娠・出産・子どもの成長に沿って、利用できるサービスや手続き、アドバイスなど子育て情報を分かりやすく掲載した子育て支援ガイドブック。
問／福祉課子育て支援室
　　TEL0229-25-7906

みんなで育てよう、わくやっ子。涌谷町の子育てに関することは「子育て支援ガイドブック」でチェック

電子書籍がダウンロードできる

●わくや地域子育て応援団
　（ファミリー・サポート・センター事業）
　育児の援助を受けたい人と行いたい人が会員となり、お互いに信頼関係を築きながら子どもを預けたり・預かったり、子育てを地域で相互援助する手伝いをする組織。
＜お願いできること＞
　塾や保育施設などへの送迎、一時的な預か

り、家事の手伝い、相談・助言
＜利用料金＞
1時間600～700円
問／福祉課子育て支援室
　　TEL0229-25-7906
●乳幼児一時預かり事業
　パパやママに用事ができたとき、病院で受診・入院するとき、リフレッシュしたいときなど、一時的に保育所で子どもを預かる事業。
対象／保育所などに在籍していない生後6カ月から2歳までの健康な子ども
実施保育所／子どもの丘保育所
　　　　　　涌谷町涌谷字中江南222
＜利用できる曜日・時間・料金＞

月～土曜 （祝日を 除く）	基本 時間	8:00～16:00	4時間まで 450円
			8時間まで 900円
	延長 時間	7:00～8:00	1時間当たり 150円
		16:00～18:30	

利用申請／実施保育所または福祉課子育て支援室
問／子どもの丘保育所 TEL0229-87-5531
　　福祉課子育て支援室 TEL0229-25-7906

涌谷町子育て世代包括支援センター「わくやっ子センター」

　妊娠期から子育て期にわたり、妊婦や父母、子どもに寄り添いながら、一緒に考え、切れ目のない子育て支援を継続するため、2020年10月に開設された。保健師や管理栄養士、歯科衛生士ら各種専門職員が、一人一人の子育てに関する悩みや困り事を聞き、一緒に考え、アドバイスや情報提供を行う。
相談日時／月～金曜（祝日、年末年始を除く）
　　　　　　8:30～17:15
相談場所／健康課健康づくり班
　　　　　　涌谷町子育て世代包括支援セン

ター「わくやっ子センター」
問／健康課健康づくり班 TEL0229-25-7973

一緒に子育てを楽しもう

●子どもの丘子育て支援センター

おもちゃや絵本をたくさん用意

　子どもの丘保育所に併設。子どもたちが自由に過ごせる広い空間、たくさんのおもちゃや絵本があり、伸び伸びと遊べる。親子で参加できるイベントも行っている。利用は予約制。
問／TEL0229-87-5531
●さくらんぼこども園なかよしルーム

おもちゃや遊具で遊ぼう

　生後6カ月から入園前までの子どもとその家族で楽しめる。遊具で遊んだり、季節に合った制作も行ったりする。利用は予約制。
問／さくらんぼこども園
　　TEL0229-43-6681
●エプロンおばさんと遊ぼう広場
　子どもたちの自由遊びや、参加者同士の交流・懇談の場となっている。木曜開催。
問／社会福祉協議会 TEL0229-43-6661
●のんのん教室
　未就学児を対象とした遊びが中心の活動の場。箟岳公民館で月1回開催。
問／生涯学習課生涯学習班
　　TEL0229-43-3001

涌谷町立史料館

公園内は、歩道が舗装されたほか、ベンチや東屋も整備され、親子連れの散歩などにも適しています。

遠田郡涌谷町涌谷字下町3-2
TEL0229-42-3327
（12～3月 TEL0229-43-3001）
開館時間／4～11月　9時から16時
　　　　　（入館は15時30分まで）
休館日／水曜日（祝日の場合は翌日）
一般・大学生／300円（250円）
高校生・小・中学生／100円（50円）
（）内は20名以上の団体料金です。

涌谷町釣り公園

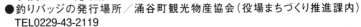

●釣り公園の所在地／涌谷町太田字銀魚巻
●問い合わせ先／涌谷町観光物産協会（役場まちづくり推進課内）
　TEL0229-43-2119
●釣り公園を利用するには／釣り公園で釣りを楽しむには、涌谷町観光物産協会が発行している「入釣章（釣りバッジ）」を購入してください。
●釣りバッジの発行場所／涌谷町観光物産協会（役場まちづくり推進課内）
　TEL0229-43-2119
●釣りバッジの料金／1,500円（税込み）
●釣りバッジの有効期限／12月1日から翌年11月30日まで（1年間）

子育て支援の充実
健やかで笑顔あふれるまち

加美町

〒981-4292
加美町字西田3-5
TEL0229-63-3111
人 口／2万1876人
世帯数／8233世帯
面 積／460.67平方㌖
（2022年9月30日現在）

加美町公認キャラクター
かみ～ご

【主な子育て関連部署】
●子育て支援室
　TEL0229-63-7870

産前産後サポート事業「加美こっこ教室」

　出産に関することや、産後の母体のケアおよび赤ちゃんのお世話などについて助産師、保健師、栄養士がアドバイスし、出産、育児に関する不安の軽減を図る。
対象／妊娠中の方および産後4カ月ごろまでの母子
内容／産前産後の母体のケア、出産の準備について、赤ちゃんマッサージ、妊娠期・産後の食事のポイントなど
※予約制（産前、産後各先着5人程度）
問／保健福祉課健康推進係
　　TEL0229-63-7871

子育て応援出産祝金

　子どもが生まれた家庭を応援するため支給。
対象／出生児の父親または母親で、町内に引き続き1年以上住所を有する人
支給額／第1子、第2子は2万円分の商品券、第3子以降は5万円分の商品券と現金5万円
　　※支給方法は制度改正などで変更となる場合がある
申請方法／
出生届け時に「加美町子育て応援出産祝金支給申請書」を各支所窓口または子育て支援室へ提出する。商品券は、送付される通知書および受領書を持って各地区商工会で受け取

る。第3子以降に支給される現金は、指定した口座に振り込まれる
申請に必要なもの／
印鑑、第3子以降出生の場合は振込先が確認できる通帳など
問／子育て支援室 TEL0229-63-7870

子育て支援センター事業

対象／0歳～就学前の子どもとその保護者
内容／絵本やままごと、季節ごとの制作活動、さまざまな遊具を使った遊び、食育講話や調理実習を通しての試食、健康講話、季節に応じた行事の体験、合同交流会、育児に関する悩みや相談対応など
利用方法／申し込み不要。初めて利用する場合は事前に電話で連絡を
問／中新田子育て支援センターひなたぼっこ
　　TEL080-1652-6293、TEL0229-64-2555
　　小野田地区子育て支援広場
　　はっぴぃぽけっと
　　TEL0229-67-2178
　　宮崎地区子育て支援広場げんきっこ
　　TEL0229-69-6535

活動の様子

一時預かり保育

　保護者の仕事、傷病、災害、事故、介護、看

護、出産などに伴い緊急・一時的に保育が必要とされる子どもを預かる。
対象／保育所、認定こども園、幼稚園に在籍していない満6カ月～就学前の子ども
　　※継続して利用する場合は週3日以内または月100時間以内、連続して利用する場合は最大2週間
実施日時／月～土曜9:00～17:00
　　（祝日、年末年始を除く各施設の開所日）
料金／半日（4時間まで）…1500円
　　1日（4時間以上）…3000円
　　※帰宅時に現金で支払う
定員／1日の実施定員は3人。希望者が多いと受け入れができない場合がある
申し込み／希望施設に事前に電話で相談の上、申請する
受け入れ施設・問／
中新田保育所 TEL0229-64-2555
おのだひがし園保育園部 TEL0229-67-2178
おのだにし園保育園部 TEL0229-67-2317
みやざき園保育園部 TEL0229-69-5032

木育広場

　未就学児とその保護者が気軽に集い遊べる。
対象／0歳～就学前の子どもとその保護者
場所／加美町まちづくりセンター2階
　　（加美町宮崎字町38-1）
利用時間／9:00～16:00
問／
月～金曜
加美商工会宮崎支所
TEL0229-69-5120
土・日曜、祝日
みやざき どどんこ館
TEL0229-69-5500

木の温かみある木育広場

楽しく活用できる
複合施設です♪
やくらい
やくらい文化センター
加美町字中原南105
TEL0229-67-7550 FAX0229-67-7553

加美町 中新田公民館
開館時間
午前9時から午後9時まで
休館日
12月28日から翌年の1月4日まで
利用方法
・公民館使用申請書は、使用する日の3日前まで提出してください。
・利用する権利を他の者に譲渡、または転貸はできません。
加美郡加美町字一本杉63　TEL0229-63-2029

かっぱのふるさと

色麻町

〒981-4122
色麻町四竈字北谷地41
TEL0229-65-2111
人　口／6399人
世帯数／2079世帯
面　積／109.28平方㌖
（2022年10月31日現在）

色麻町のマスコット
活平（かっぺい）くん
麻子（まこ）ちゃん

【主な子育て関連部署】
● 保健福祉課子育て支援室
　TEL0229-66-1700

子育て支援センター

　児童センターに併設し、子育て家庭に対する支援活動の企画や調整を行う担当職員を配置している。育児に関する相談や子育てサークルなどへの支援を行うほか、地域の保育ニーズに応じた関係機関との連携を図り、地域全体で子育てを支援する基盤を形成することで、総合的な育児支援を図っている。
<事業内容>
● 子育てホットダイヤル
　子育てに関するさまざまな相談に対応する。TEL0229-66-1718（月〜金曜9:00〜16:00）。
● なかよしキッズクラブ
　会員制。親子で楽しめる手遊びやゲームといった遊びの広場を用意。
活動日時／火・木曜10:00〜11:00
対象／2歳〜未就学児
● すくすくサロン
　会員制。親子で一緒に遊んだり、情報交換をしたり、ゆっくりリラックスできる場を提供。
活動日時／火・木曜10:00〜11:00
対象／0、1歳児

親子がリラックスできる場を提供

● つどいの広場
　地域の保護者が気軽に集い、語り合える。
● 子育てサークルなどの育成・支援
　自主サークル活動を行う人の育成・支援を行う。
● 特別保育事業
　子育てに関する講座やイベントを実施。詳細は町の広報紙に掲載。
問／TEL0229-66-1718

児童センター

　子どもの遊び場として開放。子育て家庭に対する支援活動や、育児相談・子育てサークルへの支援など、総合的な育児支援も行う。
開／月〜金曜9:00〜12:00、13:00〜16:00
休／土・日曜、祝日、年末年始
問／TEL0229-66-1700

一時保育

　保護者のさまざまな理由で子どもを一時的に預かる制度。町内在住の子どもが対象で、以下のような場合に預けられる。
<非定型保育>
　保護者の就労、職業訓練、就学などにより、原則として週3日を限度として断続的に家庭保育が困難となる子どもを保育する。

サロンでは「クリスマス会」など楽しいイベントを開催

すくすくサロンでは保健師らから子育てに関する話が聞ける「すくすくトーク」を実施

<緊急一時保育>
　保護者の傷病、災害・事故、出産、看護・介護、冠婚葬祭など社会的にやむを得ない事由により、緊急・一時的に家庭保育が困難となる子どもを、2週間を限度として保育する。
<私的一時理由による保育>
　保護者の育児に伴う心理的・肉体的負担を解消するなどの私的理由により、一時的に保育が必要となる子どもを保育する。
利用日時／月〜金曜 ………8:30〜17:00
　　　　　午前のみの場合…8:30〜12:30
　　　　　午後のみの場合…13:00〜17:00
　　　　　そのほか、開館中の4時間
　　　　　※土・日曜、祝日、年末年始を除く
実施場所／清水保育所
対象／生後6カ月〜未就学児
定員／1日おおむね6人まで
料金／1日 ……2000円
　　　半日……1000円
　　　食事代…300円
申し込み／利用には申請・面談が必要。緊急時を除き、利用する7日前までに清水保育所に連絡を。申し込み時には健康保険証が必要
問／清水保育所 TEL0229-65-3240

yamase
子育て世代に高くやさしい企業です
「感謝の心」を忘れず、信頼性の高いモノづくり
ヤマセ電気株式会社
代表取締役社長　菱沼　厚
本　　社／加美郡色麻町四竈字はぬ木町154-1
　　　　　TEL0229-65-4016
美里工場／遠田郡美里町青生字柳原80
　　　　　TEL0229-32-5663
松山工場／大崎市松山千石字新平吉森1-1-2
　　　　　TEL0229-25-9897
ヤマセグループ
ヤマセエレクトロニクス㈱・アイネックス㈱・東北エレクトロ㈱
auショップ古川大宮、古川東、石巻中里、築館、角田、亘理
ドコモショップ古川南
http://yamase-net.co.jp/

季節の花が咲き乱れ、散策に最適です
4月 桜
5月下旬〜6月初旬 シャクヤク
7月 アジサイ
9月〜10月中旬 百日紅（サルスベリ）
※開花状況はお問い合わせください
愛宕山公園　色麻町四竈字東原1-40　TEL0229-65-4390

市民が創る くらしたい栗原

栗原市

〒987-2293
栗原市築館薬師1-7-1
TEL0228-22-1122
人　口／6万3635人
世帯数／2万4920世帯
面　積／804.97平方㌔
（2022年9月30日現在）

栗原市マスコットキャラクター
ねじり ほんにょ

【主な子育て関連部署】
●子育て支援課
　TEL0228-22-2360
●健康推進課
　TEL0228-22-0370
●学校教育課
　TEL0228-42-3512

子ども家庭支援員訪問事業

　子育てに関する不安や悩みを抱える家庭に子ども家庭支援員を派遣し、育児や家事をサポートする。また、子育てに関する悩みなどの傾聴を行う。
対応日時／月～金曜9:30～16:00の週1・2回
　　　　　（1回当たり2時間まで）
対象／18歳未満の子ども、または妊婦のいる家庭で下記に該当する場合
・核家族などで子育ての不安や孤立感を抱える家庭
・出産後の母子や未熟児、多胎児などを抱える家庭
・障がい児などを抱える家庭
・そのほか、子育ての支援が必要な家庭
支援内容／
・子どもの世話や家事を親と一緒に行う
・子どもとの用事や買い物、受診などに同行
・出産や子育てなどに関する悩みの傾聴
利用料／無料
問／子育て支援課 TEL0228-22-2360

すこやか子育て支援金

　子育て世代の保護者の経済的な負担を軽減し、次代を担う子どもたちが心身ともに健やかに育つことができるように「出生祝金」や「入学祝金」を支給する。
<種類と対象>
●出生祝金…子どもが生まれた日の6カ月以上前から保護者が市内に住民登録し、子どもも市内に住民登録している場合に（現に養育している子の数で）保護者へ支給する
金額／1人の子を養育……… 2万円
　　　2人の子を養育……… 2万円
　　　3人の子を養育……… 5万円
　　　4人の子を養育………10万円
　　　5人以上の子を養育…20万円
●入学祝金…第3子以降の子どもが小学校に入学する場合、入学する年度の4月1日前に、6カ月以上市内に居住していて、入学時に子どもが市内に住民登録している保護者へ支給する
金額／10万円
問／子育て支援課 TEL0228-22-2360

小学校入学支援事業

　少子化対策の推進および子育て家庭などにおける教育に係る経済的負担の軽減を図るため、第3子以降の子どもの小学校入学に伴い購入した学用品などの経費の一部を助成する。
対象者／市内に住所を有し、監護する第3子以降の子どもが5月1日現在において小学校や支援学校の1年生に在籍している保護者
　　　　※子どもが児童福祉法に定める里親に委託されている場合、小規模居住型児童養育事業を利用している場合、障害児入所施設などに入所している場合も、該当になることがある

助成内容／1人につき3万円を上限として交付する
対象となる物品／
・学用品（文房具、学習教材、体操着、水着など）
・通学用品（かばん、靴、傘、雨がっぱ、防寒着、帽子など）
※学用品などは、入学する前年度の5月1日から入学した年度の11月30日までに購入した物が補助の対象となる
問／子育て支援課 TEL0228-22-2360

 子育て支援センター

子育て支援センターの様子

　家庭で子育てをしている人が利用できる。遊びや行事を通した利用者同士のコミュニケーションを図り、子育てに関する情報の提供や育児に関する相談・指導を行う。
利用方法／申し込み不要（行事によって事前の申し込みが必要となる場合あり）
利用日時／花山地区以外は月～金曜9:00～17:00、花山地区は第2・4木曜9:30～11:30
利用料／無料（行事によって参加費などの実費が発生する場合あり）
行事内容／毎月1日発行の「広報くりはら」や市ウェブサイト内「イベント・募集・相談」のページに掲載
●築館地区「築館子育て支援センター」
所在地／栗原市築館伊豆1-5-1
実施場所／築館保育所

母体保護法指定医
ささき産婦人科クリニック
【診療科目】産科、婦人科
院長　佐々木 裕之

診療時間	月	火	水	木	金	土	日	祝
9:00～12:00	○	○	○	○	○	○	×	×
14:30～18:00	○	○	×	○	×	×	×	×

■栗原市築館伊豆4-6-60
■TEL0228-22-2412 ■FAX0228-21-1284
■http://sasakiob-gynclinic.webmedipr.jp/

みんなが笑顔になる会社を目指しています
様々な建物を「品質」と「経験」から安心・安全にご提供します
正 株式会社 髙橋技建
栗原市金成三沢229-8
TEL0228-24-7641 FAX0228-24-7642
http://takahashi-giken.net
一緒に働いてくれる方を募集しています

KURIKOMA
くんえん木材・一般住宅製材・立木伐採買付
株式会社 くりこまくんえん

本社 〒989-5401
宮城県栗原市鶯沢袋島巡44番地の7
TEL(0228)55-3261
FAX(0228)55-2556
https://www.kurikomakunen.jp

100

TEL0228-22-9752
●若柳地区「若柳子育て支援センター」
所在地／栗原市若柳字川北塚южный104-1
実施場所／若柳認定こども園
TEL0228-32-3243
●栗駒地区「栗駒子育て支援センター」
所在地／栗原市栗駒岩ケ崎上町裏207-1
実施場所／栗駒保育所
TEL0228-45-5581
●高清水地区「高清水子育て支援センター」
所在地／栗原市高清水佐野丁32
実施場所／高清水保育所
TEL0228-58-2350
●一迫地区「一迫子育て支援センター」
所在地／栗原市一迫真坂字新道満65
実施場所／一迫保育所
TEL0228-52-3925
●瀬峰地区「瀬峰子育て支援センター」
所在地／栗原市瀬峰清水山26-1
実施場所／瀬峰保育所
TEL0228-38-2250
●鶯沢地区「鶯沢子育て支援センター」
所在地／栗原市鶯沢南郷広面27
実施場所／鶯沢保育所
TEL0228-55-3178
●金成地区「金成子育て支援センター」
所在地／栗原市金成沢辺町沖164
実施場所／金成保育所
TEL0228-42-3251
●志波姫地区「志波姫子育て支援センター」
所在地／栗原市志波姫新沼崎156
実施場所／志波姫保育所
TEL0228-22-8611
●花山地区「花山子育て支援センター」
所在地／栗原市花山字本沢北ノ前77
実施場所／花山農山村交流センター
　　　　　（ふるさと交流館）
TEL0228-52-3925（一迫子育て支援セン
ター内）

子育て支援アプリ 「スマイル栗なび！」

　「子育ては栗原市で」をスローガンに安心
して妊娠、出産、子育てのできる環境づくり
を進め、子育て世代を応援するツールとして、

子育て支援アプリを導入している。
主な機能／
＜栗原市の各種制度・サービスの案内＞
●子育て応援医療費助成制度・児童手当な
ど、妊娠・育児時期に合った各種補助制度
の情報や手続き方法の案内など
＜記録・管理＞
●妊娠中の体調・体重記録
●胎児や子どもの成長記録
●予防接種／標準接種日の自動表示、接種
予定・実績管理、受け忘れ防止
アラート
●健診情報／妊婦や子どもの健康診断デー
タを記録
＜情報提供・アドバイス＞
●出産・育児に関する基礎情報
●沐浴や離乳食の作り方などの動画
＜データ共有＞
●子どもの成長記録や健康データを、家族の
スマートフォンなどでも閲覧可
問／子育て支援課　TEL0228-22-2360

アプリのアイコン

妊娠から出産までを
フルサポート

子育て世代包括支援センター

　妊娠前から子育て期までに関するさまざ
まな相談や情報提供を行い、子育てに関わる
関係機関などと連携しながら、切れ目なく支
援を行う。
対象／妊産婦～子育て期（乳幼児期）の保護者
時間／月～金曜（祝日、年末年始を除く）
　　　8:30～17:15
相談窓口／
●健康推進課 TEL0228-22-0370
●築館・志波姫保健推進室
　TEL0228-22-1171
●若柳・金成保健推進室 TEL0228-32-2126
●栗駒・鶯沢保健推進室 TEL0228-45-2137
●高清水・瀬峰保健推進室
　TEL0228-58-2119
●一迫・花山保健推進室 TEL0228-52-2130

子育て応援医療費助成事業

　0歳から18歳到達後最初の3月31日までの
子どもの、入院および通院の医療費全額を
助成する制度。保護者の所得による制限は
ない。
対象／
・市内に住所がある子ども
・市内に住所がある保護者に監護されてい
て、他市町村に住所がある子ども
※次のいずれかに該当する場合は、助成の対
象外
・生活保護を受けている人
・他市町村の医療費助成制度の対象者
・16歳以上の子どもが婚姻している場合。
過去に婚姻していた場合も含む
問／子育て支援課 TEL0228-22-2360

スマイル子育てサポート券 （赤ちゃん用品支給事業）

　子育て家庭などの経済的負担軽減を図る
ため、1歳未満の子どもを養育する保護者を
対象に、育児用品の購入に使用できるスマイ
ル子育てサポート券（市内の取扱指定店での
み使用可能）を交付。
対象者／市内に住所を有し、満1歳未満の子
どもと同居し、かつ監護する保護者
　　　　※出生後に転入した場合も助成対象
助成内容／子どもが生まれた月（転入者の場
合は転入月）の翌月から満1歳に
達する月まで、1枚当たり3000円
の「スマイル子育てサポート券」
を最大12枚交付する
対象品目／おむつ、粉ミルク、離乳食などの
乳児用食品、清拭剤、哺乳瓶お
よび哺乳瓶乳首、哺乳瓶消毒薬、
歯ブラシ、ベビーローション、ベ
ビーパウダー、せっけん、シャン
プー、沐浴剤、衣類用の洗剤およ
び柔軟剤、肌着などの衣類
問／子育て支援課 TEL0228-22-2360

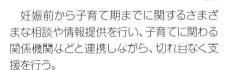

東風法律事務所
（こち）
TEL:0228-24-9122
営業時間：9:00～17:30
定休日：土曜・日曜・祝日
いじめ、学校での
トラブルなど、
なんでもお気軽に
ご相談ください
みんなのほうりつ
栗原市役所そば
〒987-2252栗原市築館薬師4-1-1
仙台弁護士会所属　弁護士　東田正平

介護老人保健施設　藤の里
短期入所　通所リハビリテーション
居宅介護支援事業所
医療法人社団　泉翔会
〒989-4511　栗原市瀬峰新田沢12番1
TEL (0228) 38-3233
FAX (0228) 38-3271

歯科口腔外科（インプラント）マウスピース矯正
近藤歯科医院
チーム医療と充実した設備
栗原市築館伊豆1丁目3-20
TEL0228-22-4182
0120-418-208

あふれる笑顔 豊かな自然 住みたいまち とめ

登米市

〒987-0511
登米市迫町佐沼字中江2-6-1
TEL0220-22-2111
人　口／7万5120人
世帯数／2万7246世帯
面　積／536.12平方㌔
（2022年9月30日現在）

登米市観光PRキャラクター
はっとン

【主な子育て関連部署】
●福祉事務所子育て
　支援課（南方庁舎）
　TEL0220-58-5562
●迫総合支所市民課
　TEL0220-22-2226
●登米総合支所市民課
　TEL0220-52-2111
●東和総合支所市民課
　TEL0220-53-4112
●中田総合支所市民課
　TEL0220-34-2313
●豊里総合支所市民課
　TEL0225-76-4113
●米山総合支所市民課
　TEL0220-55-2112
●石越総合支所市民課
　TEL0228-34-2112
●南方総合支所市民課
　TEL0220-58-2112
●津山総合支所市民課
　TEL0225-68-3113

また、事前申し込みが必要な子育
て支援事業もあるため、各児童
館に直接問い合わせを
開／月～土曜8:30～17:00
休／日曜、祝日、年末年始
　　（12月29日～1月3日）
児童館（公立）一覧／
●迫児童館 TEL0220-22-2524
●登米児童館 TEL0220-52-2246
●中田児童館 TEL0220-35-2525
●米山児童館 TEL0220-55-2313

 子育て支援センター

　育児相談、育児情報の提供といった子育て
支援事業を実施する施設。
利用できる人／
主に0歳～就学前の子どもとその保護者（市
外在住者も可）
提供するサービス／
育児相談、育児に関する情報提供などの子育
て支援事業

利用方法／時間内であれば自由に利用可能。
　　　　各種サービスなどを利用したい人
　　　　は事前に各施設へ問い合わせを
開・休／各施設で異なるため直接問い合わせを
子育て支援センター（公立）一覧／
●迫子育て支援センター
　（迫児童館内）
　TEL0220-22-2524
●中田子育て支援センター
　（中田児童館内）
　TEL0220-35-2525
●豊里子育て支援センター
　（豊里こども園内）
　TEL0225-25-7545
●米山子育て支援センター
　（米山児童館内）
　TEL0220-55-2313
●南方子育て支援センター
　（南方子育てサポートセンター内）
　TEL0220-58-5558
※現在、新型コロナウイルス感染症対策のた
め、電話による予約が必要

南方子育てサポートセンターや各子育て支援センター
では親子で楽しめるイベントを実施（写真1～3）

 児童館

　集団遊びや個別遊びを通して、子どもたち
の健やかな成長を図り情操を豊かにするた
めの施設。
利用できる人／
18歳未満の子どもとその保護者（市外在住
者も可）
提供するサービス／
児童の遊びの場を提供するとともに、各種子
育て支援事業を実施。内容は施設ごとに異な
るため、各児童館に直接問い合わせを
利用方法／時間内であれば自由に利用可能。

写真1

社会福祉法人 瑞光会
理事長 佐野 秀道

佐沼保育園
登米市迫町佐沼字南元丁99-2
TEL0220-22-3512

佐沼明星こども園
登米市迫町佐沼字上舟丁12
TEL0220-22-2737

日本の観光と地域生活を
もっと快適に

佐沼交通株式会社
貸切バス事業者安全性評価認定取得

本社　登米市迫町佐沼字萩洗2丁目9番地5
　　　TEL0220-22-2118 FAX0220-22-0015
仙台空港　岩沼市下野郷字新拓123番地
営業所　TEL0223-25-5460 FAX0223-25-5461

子授・安産・子育祈願
横山不動尊
日本三不動の一・国内最大級
重要文化財木造不動明王坐像鎮座
酉年生まれの守り本尊
重要文化財木造不動明王坐像
三陸復興国立公園内　桃生津山ICより10分
登米市津山町横山字本町3
TEL.0225-69-2249

写真2

写真3

こんにちは赤ちゃんサロン わくわくマタニティサロン

妊娠中のこと、出産のこと、育児のことについて、みんなでゆっくり話せる場。助産師や保健師ら専門スタッフから、妊娠中の過ごし方から母乳のあれこれまでいろいろな話が聞ける。実施する場所や日時は市ウェブサイトで確認を。
対象／市内在住の妊婦、1歳ぐらいまでの乳幼児の母親とその家族
持ち物／母子健康手帳、筆記用具
申し込み方法／
開催日の前日まで、下記へ電話で
●こんにちは赤ちゃんサロン
問／南方子育てサポートセンター
　　TEL0220-58-5558
●わくわくマタニティサロン
問／市民生活部健康推進課
　　TEL0220-58-2116
※現在、新型コロナウイルス感染症対策により、人数制限あり

登米市誕生祝金

子どもの健やかな成長とその家族の幸せを願って、子どもの誕生に対し祝い金を贈呈している。

受給資格者／
市内に出生日の3カ月以上前から引き続き住所があり、対象児を養育する父母
支給金額／第1子…3万円
　　　　　第2子…5万円
　　　　　第3子以降…10万円
対象／出生した日から市内に住所のある子ども
受給方法／総合支所市民課窓口で申請手続きをする。後日審査結果が通知され、指定した口座に振り込まれる
問／福祉事務所子育て支援課
　　TEL0220-58-5562

ファミリー・サポート・センター事業

子育ての手助けを受けたい人（利用会員）と子育てを手伝いたい人（協力会員）がそれぞれ会員登録（無料）し、相互の信頼関係の下に子どもを預けたり預かったりする、地域ぐるみの子育て支援を有料で行う事業。
次のようなときに利用できる（理由は原則問わない）。
・家族が仕事や用事のため、子どもの面倒を見たり送迎したりすることができないとき
・仕事や私用があるとき
・リフレッシュしたいとき　など
援助内容／
・保育所、幼稚園、放課後児童クラブ終了後の子どもの預かりや送迎
・幼稚園や小学校の夏休みなど、長期休暇時の子どもの預かり
・保護者や兄弟の通院といった急な予定が入った場合の預かり
・冠婚葬祭や兄弟の学校行事の際の子どもの預かり
・妊産婦の家事支援
会員になれる人／
●利用会員
・市内に在住または勤務しているおおむね生後2カ月～小学生の子どもがいる人
・出産予定日のおおむね1カ月前～出産後3カ月の妊産婦
●協力会員
市内在住の、心身ともに健康な20歳以上の人で、自宅のほか、児童館や子育て支援センターなどの施設、子どもの安全が確保できる場所で子どもを預かることができる人（市主催の講習会の受講が必須。保育士などの有資格者は講習が免除される場合がある）
利用の流れ／
①利用会員が登米市ファミリー・サポート・センター事務局に連絡する
②登米市ファミリー・サポート・センター事務局のアドバイザーが保育サービスを行える協力会員を調整し、利用会員に連絡する
③利用会員と協力会員が必要な保育サービスの内容や実費負担の確認を行う
④保育サービスが行われ、利用会員から協力会員に直接報酬を支払う
<利用日時・料金>

利用日時	1時間当たり	以降30分ごと
月～金曜 7:00～19:00	600円	300円
土・日、祝日、年末年始、上記以外の時間	700円	350円

問／事務局（南方子育てサポートセンター内）
　　TEL0220-58-5558
　　※各子育て支援センターでも受け付ける

未来へつづくつながりをやさしく包む木もれ陽の光
KOMOREBI 木もれ陽
サービス付き高齢者向け住宅
デイサービス　お泊まりデイサービス
木もれ陽キッズクラブ
代表取締役　境　秋洋
登米市中田町石森字室木333
TEL0220-23-7721
FAX0220-23-7821
https://www.komorebi-sun.com

Sanuma Sogisya
24時間受付
まごころ葬儀の店
㈱佐沼葬儀社
TEL0220-22-7790
FAX0220-21-1313
登米市迫町佐沼字中江1-13-1
E-mail info@e-sousai.com
セレモニーホール佐沼 さぬま斎苑
セレモニーホール東さぬま斎苑
少人数ホールさぬま斎苑別館

MINI STOP
ミニストップ
佐沼中江店
登米市迫町佐沼字中江4丁目12-13
TEL0220-23-1388

育なびみやぎ 2023

2022年12月31日発行　定価550円(本体500円+税10%)

宮城県、各市町村、関係各団体など、
多くの皆さまにご協力いただきました。
深く感謝申し上げます。

■発　　　行　河北新報出版センター
　　　　　　　宮城県仙台市青葉区五橋1-2-28
　　　　　　　TEL022-214-3811
　　　　　　　FAX022-227-7666
■企画構成　株式会社GAC
　　　　　　　株式会社アドコーポレーション
　　　　　　　TEL022-266-3031
　　　　　　　FAX022-266-2806
■編集制作　株式会社クリエイティヴエーシー
　　　　　　　TEL022-721-6051

■SALES&PROMOTION
　加藤健一　大平康弘　鈴木美由喜　東海林峻
　菊地貴史　高橋正考　中嶋芽衣
　和泉英夫　高橋哲　高谷吉泰
　浅野広美　渥美琳　梅津美樹　梶田美佐子
　木村一豊　小島由子　佐藤春哉　菅原佳子
■EDITOR
　平井頼義　宇都宮梨絵　菊地史恵　佐藤友希
　熱海萌子　田中奈美江　及川真紀子
■DESIGNER
　阿部伸洋　佐々木映子　菅澤まりこ
　仙石結　森田真礼　渡辺洋
■COVER PHOTO
　田附絢也
■COVER LOCATION
　国営みちのく杜の湖畔公園 (川崎町)

○乱丁、落丁等の印刷、製本上の不備がございましたら
　お取り換え致しますので発行所までお送りください
○本誌掲載の写真、記事等の無断転載および複写を禁じます